Der Jacobsweg

Kriegspfad eines Maurentöters oder Muschelweg durch Mutterland?

Kirsten Armbruster

Der Jacobsweg

Kriegspfad eines Maurentöters oder Muschelweg durch Mutterland?

Die Wiederentdeckung der Wurzeln Europas

Rot wie Blut
Weiß wie Schnee
Schwarz wie Ebenholz

Bibliografische Information der Deutschen Nationalbibliothek: Die Deutsche Nationalbibliothek verzeichnet
diese Publikation in der Deutschen Nationalbibliografie;
detaillierte bibliografische Daten sind im Internet über
http://dnb.d-nb.de abrufbar.

Herstellung und Verlag:
BoD - Books on Demand, Norderstedt
ISBN 978-3-7322-4715-8

Inhalt

Bildnachweis Cover:
Foto Vorderseite: Pedra dos Cadrís, Schlupfstein in Muxia am Ende des Muschelwegs am Meer bei der Wallfahrtskirche Santuario de Nosa Señora da Barca; Galicien, Spanien; Foto Franz Armbruster.

Der Jacobsweg ein Kriegspfad?

Jacob der Maurentöter und der Sternenweg-mythos zum Ende der Welt

Der Jacobsweg als Pilgerweg zum angeblichen Grab des Apostels Jacob nach Santiago de Compostela im galicischen Teil Spaniens, erfährt in der heutigen Zeit einen immer größeren Zulauf und zählt neben den Pilgerreisen nach Jerusalem und nach Rom zu den bekanntesten Wallfahrten, insbesondere der katholischen Christen.

Die erste Erwähnung des Jacobwegs stammt aus dem Jahr 1047, wobei seit 1970 die Pilgerschaft auf dem Jacobsweg einen großen Aufschwung erlebt. Papst Johannes Paul II. besuchte 1982 Santiago de Compostela im Rahmen einer großen Europa-Feier und rief damals den Kontinent auf, seine Wurzeln wieder zu beleben. Der Europarat erklärte daraufhin 1987 den **Jacobsweg zum ersten europäischen Kulturweg**.

Als Jacobsweg wird an erster Stelle der Hauptweg in Nordspanien, der **Camino Francés** bezeichnet, der in den Pyrenäen mit zwei Routen beginnt, entweder beim **Somport-Pass**, oder, vom französischen **Saint-Jean-Pied-de-Port** herkommend, im spanischen **Roncesvalles**.

Steinerne und silberne Madonna von Roncesvalles, Camino Francés, Spanien

In Roncesvalles brachten die **Basken**, als damals noch nicht zum Christentum bekehrte „Heiden", am 15. August 778 der Nachhut von **Karl dem „Großen"** eine vernichtende Niederlage bei und der Anführer des Kriegszugs Roland starb, was bis heute im **Rolandslied** verewigt ist.

Karl der „Große" und der 1000-jährige Krieg der europäischen Christen gegen Andersdenkende:

Karl der „Große" gilt als eine Persönlichkeit, die das kollektive europäische Geschichtsbewusstsein prägt. Sowohl Deutsche als auch Franzosen führen die Anfänge ihrer Nationalgeschichte auf Karl den „Großen" zurück. Die Stadt Aachen stiftete 1949 in Anerkennung seiner Verdienste den internationalen Karlspreis, der jährlich vergeben wird. Karl der „Große" wurde 747 oder 748 geboren und starb 814 in Aachen. Ab 771, nach dem Tode seines Vaters und seines Bruders, wurde er zum Alleinherrscher. Wikipedia schreibt dazu: „Zu jener Zeit fielen die früh christianisierten Franken in „barbarische" – d.h. althergebrachte – Gebräuche zurück und vernachlässigten die erworbene Bildung und Religion. Die Sachsen beharrten auf ihrem Heidentum. Im Süden stritt die römisch-katholische Kirche mit den Langobarden um Einfluss, Besitz und Macht auf der Apenninen-Halbinsel, auf der iberischen Halbinsel drangen die Sarazenen weiter nach Norden vor, im Osten fielen Awaren ein – kurz: Europa war in Aufruhr, und der Bestand des Frankenreichs schien bedroht. Karl war offenbar von Anfang an zu einer Neuordnung der Verhältnisse in Westeuropa entschlossen und scheute sich nicht, an den unterschiedlichsten Fronten gleichzeitig zu kämpfen". Im Sommer 772 begannen die bis 804 andauernden Sachsenkriege, die eine mit beträchtlicher Grausamkeit durchgesetzte Unterwerfung und Christianisierung zum Ziel hatte. 782 ließ Karl der „Große" hierzu 4500 Sachsen bei Sachsenhain abschlachten, die sich gegen die Zerstörung des nahegelegenen Tempelhains wehrten. Genauso ging Karl der Große in **Aquitanien** und in der **Gascogne** vor, dem Landstrich, der vor der Besetzung durch die Westgoten, die römische Provinz **Gallia Aquitania** mit der wichtigsten Stadt **Eliumberrum**, dem heutigen **Auch** war, und damit Teil des einstigen **Baskenlands**. Karls Kriegszug gegen die Mauren in Spanien endete durch die Basken in Roncesvalles. In der Historia Karoli Magni Et Rotholandi, auch bekannt als Pseudo-Turpin, ist eine Verbindung zwischen dem heiligen Jacob und Karl dem „Großen" festgehalten. Dort wird beschrieben, wie Jacob Karl dem „Großen" im Traum den **Sternenweg** zeigt und ihm pro-

phezeit, dass er einen Feldzug nach Galicien unterneh-
men werde:

„Du hast am Himmel die Sternenstraße gesehen
und das bedeutet,
dass du an der Spitze eines mächtigen Heeres
nach Galicien ziehen wirst,
und, dass gleich dir
alle Völker dorthin pilgern werden,
bis zum Ende der Zeiten.
Ich werde an deiner Seite stehen
und als Belohnung für all deine Mühen
von Gott das Paradies für dich erwirken.
Dein Name wird im Gedächtnis der Völker
nicht ausgelöscht werden,
so lange die Welt besteht.

Quelle: Historia Karoli Magni Et Rotholandi unter Wikipedia, Stichwort Sternenweg

Im Jahre 800 wird Karl der „Große" vom römischen
Papst Leo III. zum Kaiser gekrönt, wodurch im Westen
Europas das Kaisertum erneuert wird. Und 1165 wird
Karl der „Große" von Papst Paschalis III. schließlich **heilig** gesprochen. Tatsächlich steht Karl der „Große" wie
viele andere patriarchale Herrscher für die blutige Verbindung von, in dem Fall, christlicher Theologie und Politik, galt unter seiner Regentschaft doch die Vorgabe der
**Todesstrafe bei Verweigerung der christlichen Tau-
fe**. Weite Teile Europas waren nämlich zu der Zeit noch
„heidnischen" Glaubens, wie Friesland, Sachsen, Hessen,
Thüringen, Britannien, Irland, Skandinavien. Auch die
Basken zählen, genauso wie die Galicier, zu den am spä-
testen christianisierten Völkern Europas. Dass die „Be-

kehrung" der Heiden mit äußerster Grausamkeit durchgesetzt wurde, hat Karlheinz Deschner in seinen neun Bänden über die Kriminalgeschichte des Christentums beeindruckend recherchiert. Dieses brutale Bild der Christianisierung durch die katholische Kirche richtete sich aber nicht nur gegen die „Heiden", sondern auch gegen das arianische Christentum der Westgoten, die nach den Römern die iberische Halbinsel erobert hatten, gegen die Moslems, die Juden, schließlich die Templer, die Protestanten, gegen ZigeunerInnen und gegen die sogenannten Hexen. Im Mittelpunkt der patriarchal-monotheistisch-theologischen Kriege standen zwischen 1095 und dem 13. Jahrhundert auch mehrere Kreuzzüge ins Heilige Land nach Jerusalem. In der Zeit der Inquisition, die in Spanien unter der Regentschaft von Isabella I. von Kastillien und Ferdinand II. von Aragón im europäischen Vergleich besonders grausam war, fand der Krieg der Christen ihren Höhepunkt. Grundlage für die Inquisition war die am 1. November 1478 von Papst Sixtus IV. erlassene Bulle Exigit sincerae devotionis. Erst am 15. Juli 1834 wurde die Spanische Inquisition nach 356 Jahren Bestehen unter Isabella II. abgeschafft. Mehr als 1000 Jahre Religionskrieg hatten Europa zu einem weitgehend christlichen Kontinent gemacht. Einer der Auslöser für diesen 1000-jährigen Religionskrieg war im Jahre 711 die Invasion von Arabern und Berbern, den sogenannten Mauren, über die Meerenge von Gibraltar nach Europa gewesen, die von einem der rivalisierenden westgotischen Provinzfürsten zur Hilfe gerufen worden waren. In der Schlacht am Rio Guadalete töteten die Mauren den westgotischen König Roderich, eroberten bis 719 die gesamte iberische Halbinsel und drangen schließlich nach Frankreich vor, bis sie von Karl Martell

732 in der Schlacht von Tours und Poitiers gestoppt wurden. Das Jahr 718 wird traditionell als Beginn der **Reconquista** angesehen, die offiziell als christliche Rückeroberung der iberischen Halbinsel von den Moslems tradiert wird. 844 soll die Schlacht von Clavijo stattgefunden haben, in welcher der Apostel Jacob sich, der Überlieferung nach, 33 Jahre nach dem Fund seines angeblichen Grabes in Santiago de Compostela als heroischer Maurentöter gezeigt haben soll. 1616 werden die letzten Mauren von der Iberischen Halbinsel vertrieben. Heute sehen wir im Süden Spaniens, in Andalusien, in den Städten Córdoba, Granada und Sevilla, aber auch in vielen anderen architektonischen mozarabischen Bauten, welche die Touristen- und Pilgerströme, auch am Camino Francés, besonders anziehen, dass die Mauren, aber auch die Juden in Europa besonders schöne Kulturschätze hinterlassen haben. Im Reiseführer des Gaia-Verlags über Andalusien ist zu der Jahreszahl 1609 zu lesen:

„Auf Betreiben der Kirche werden die rund 300 000 verbliebenen Morisken von der Halbinsel vertrieben. Spanien verliert damit seine besten Handwerker und Ackerbauern und kann in der Folge seine eigene Bevölkerung nicht mehr ernähren". (2000, S. 27).

Und der Marco Polo Reiseführer über Andalusien zitiert Andalusiens größten Poeten Garcia Lorca:

„Sevilla ist das Wunder, Granada für die Träume, aber Córdoba zum friedlichen Sterben", und ergänzt ein paar Zeilen weiter: „Anno 711 landeten maurische Soldaten bei Gibraltar auf europäischem Festland. 756 begründete der nach Spanien geflüchtete Kalif Abdar-Ráhman I. das Emi-

rat von Córdoba. Bis zu ihrer Eroberung durch die Christen (1236) erlebte die Stadt ihre schönste Blüte: Jüdische Gelehrte begründeten zusammen mit maurischen Professoren den Ruhm der Universität und ihrer Bibliothek (damals 400 000 Bände). Als im Abendland die Pest die Städte verwüstete, baute man in Córdoba bereits Kanalisation, pflasterte die Straßen (300 Jahre früher als in Paris!) und beleuchtete die großen Plätze (700 Jahre früher als in London!). Christen, Juden und Mauren lebten einträchtig miteinander, forschten und bauten gemeinsam auf. Die „Zierde der Welt" – Córdoba – verlor ihren Glanz, als die christlichen Könige kamen". (1994, S. 51/52).*

Kommen wir nach diesem geschichtlichen Abriss zurück zur Route des Camino Francés. In Pamplona treffen die beiden Pyrenäenrouten des Jacobwegs aufeinander und der **Camino Francés** führt dann über Estella, Torres del Rio, Logroño, Najera, Santo Domingo de la Calzada, Burgos, León, Astorga und Ponferrada nach Santiago de Compostela. Viele der Pilger ziehen allerdings auf dieser Route noch weiter bis Finisterre oder Muxia, ans Ende der Welt.

Der Camino Francés in Spanien

Finisterre und Muxia liegen direkt am Meer und Finisterre zählt zu den westlichsten Orten des europäischen

Kontinents. Die Zeitung „DIE WELT" schreibt dazu treffend:

„Schon vor Tausenden von Jahren lokalisierten die Menschen hier das Ende der Welt, an dem die Seelen der Verstorbenen ihren Weg zu den Sternen antraten". Weiter unten ist zu lesen: „Den Steinen und dem Meer werden übernatürliche Kräfte zugeschrieben. Der Toten- und der Ahnenkult spielt eine große Rolle. Auch viele junge Menschen glauben an Seelenwanderung, an übernatürliche Heilkräfte und an „Meigas" die Hexen". (DIE WELT, 14.10.2010).

Der Name Compostela wird von **Campus Stellae** für Sternenfeld abgeleitet. Dieser Name tradiert den uralten Glauben, der auf die seit dem Paläolithikum (Altsteinzeit) bekannte Religion von Gott der MUTTER zurückgeht, dass die Sterne, insbesondere der Milchstraße den Weg der Seelen darstellen. Ihr Licht war der Kompass, der den Weg zum Paradies zeigte, das man früher am Ende der Erde vermutete. Dieses Wissen ist inzwischen nicht nur in Fachbüchern zu finden, sondern es steht auch in Wikipedia und ist damit sehr einfach für die Allgemeinheit zugänglich. Dass dies nicht christlich ist, geschweige denn biblisch, ist ebenfalls sofort offensichtlich und müsste daher auch der Deutschen St. Jacobs-Gesellschaft e.V. bekannt sein, die ihrer, seit 1988 erscheinenden Zeitschrift bezeichnenderweise den Namen **Sternenweg** gegeben hat. (Wikipedia, Stichwort Sternenweg).

Tatsächlich waren die Sterne, wie die Sonne und Frau Mond in der Religion der Kosmischen Mutter integriert. Erinnert sei in diesem Zusammenhang an die ägyptische

Göttin **Nut**, die das Firmament symbolisiert und als Mutter der Gestirne angesehen wird. Wie Gerhard Bott herausgestellt hat, gehört die ägyptische Göttin Nut als „Große Göttin", ebenso wie **Mut, Neith. Nekbeth, Wadjet, Hathor und Isis** zum Verständnis der paläolithischen selbstentstandenen **Urmutter** (Bott, Gerhard; 2009, S. 398), und die überlieferte Kosmogenie der Nut weist sie als Kosmische Mutter des Universums aus. In Wikipedia steht über die Göttin Nut geschrieben:

*„Nut erfüllte eine wichtige Funktion in der ägyptischen Kosmogonie. Sie stellte den Himmel dar, ihr Lachen war der Donner und ihre Tränen der Regen. Der Körper der Nut symbolisierte das **Himmelsgewölbe**, er trennte die Erde von der sie umgebenden **Urflut**. Nach mythologischer Vorstellung spannte sich Nuts Körper schützend über die Erde, ihre Gliedmaßen, die den Boden berühren sollten, symbolisierten die **vier Himmelsrichtungen**. Zugleich galt sie als die **Mutter der Gestirne**. Man glaubte, dass die Sonne abends in ihrem Mund verschwinde, um des Nachts durch ihren Körper zu reisen und morgens in ihrem Schoß im Osten wieder zu erscheinen. Im ewigen Kreislauf durchwanderten des Tages ebenfalls die Sterne ihren Körper ... Nut kam ebenfalls eine wichtige Rolle im ägyptischen **Totenkult** zu. Sie stand in engem Zusammenhang mit dem Glauben an die Auferstehung der Verstorbenen, die nach ihrem Tod als Sterne an ihrem Körper prangten. ... Einige Ägyptologen vertreten die Ansicht, dass die Göttin Nut, das Band der **Milchstraße** symbolisiert habe". (Wikipedia, Stichwort Nut).*

Die ägyptische Göttin Nut/Hathor gebärt und verschluckt täglich die Sonne

Compostela hat aber gerade in dieser Verbindung noch eine weitere Bedeutung. Denn der Platz des heutigen Jacobkults ist ein früherer Friedhof, ein Platz für die Toten. In dem Wortteil **„compost"** ist aber nicht nur der Tod enthalten, sondern gemeint ist die Wandlung des Todes in neues Leben. Der Wortteil compost hat sich in vielen Sprachen erhalten und auch im Deutschen sprechen wir noch von Kompost und kompostieren, wenn wir den Prozess der Umsetzung organischer Substanz in schwarze fruchtbare Humuserde beschreiben wollen. Campus Stellae steht also eigentlich für einen Ort der Tod-in-Lebenwandlung. Und diese Tod-in-Lebenwandlung wurde und wird immer im mütterlichen Kontext verstanden, denn bis heute ist die Erde Mutterboden oder Mutter Erde. Diese magische mütterliche Wandlung ist die Urmatrix von Religion und so finden wir hinter der Fassade des katholischen Heiligen Jacob in der Kathedrale in Santiago de Compostela die Kosmische Mutter: Gott die MUTTER. (Armbruster, Kirsten; 2013).

16

Mindestens neun Marienfiguren stehen in der Kathedrale auf verschiedenen Seitenaltären, unter ihnen die **Schwarze Madonna von Le Puys-en-Velaye** und die **Schwarze Madonna von Rocamadour.** Daneben finden wir auch die **Bethe Catharina** mit ihrem achtspeichigen Jahreszeitenrad, die **Maria Salomé** aus der Göttinnen-Trinität der **Landschafts-Bauchmutter** in der **Camargue**, und natürlich fehlt auch nicht die religionssoziologisch im Paläolithikum anzusiedelnde **Höhlen-Madonna aus Lourdes**, die natürlich auf die **baskische Göttin Mari** zurückgeht. Tatsächlich geht ein wesentlicher Teil des katholischen Marienkults auf die baskische Göttin Mari zurück, die bereits in den Höhlen des Paläolithikums verehrt wurde. Und der katholische Annakult gibt den, ebenfalls seit dem Paläolithikum weit verbreiteten matrilinearen Wasser-Ahninnenkult wieder, denn der Glaube, dass die Frauen im Wasser ohne Zutun eines Mannes schwanger werden, weil im Wasser die AhnInnenseelen darauf warten wiedergeboren zu werden, dieser Glaube wird bis in die jetzige Zeit in Galicien praktiziert. Einen bis heute überlieferten Wasser-AhnInnenort finden wir nämlich an der Westküste Nordspaniens, am bestbesuchten Strand **Galiciens** dem **Praia A Lanzada** in der Meeresbucht, wo der Sarg des Apostels Jacob angeblich den Fluss Ulla in Richtung Santiago de Compostela hinauftrieb (mehr dazu im Kapitel „Der Ursprung von Wallfahrten").

Schon an dieser Stelle können wir unter dem Blutvergießen um das europäische Vaterland das viel ältere und friedliche **Mutterland** als weitaus wichtigeres **europäisches Kulturgut** erkennen.

Dass es sich bei Gott der MUTTER nicht um die patriarchal-verkeuschte und zur Magd des HERRN degradierte katholische Gottesmutter handelt, wurde bereits ausführlich in dem Buch „Gott die MUTTER – Eine Streitschrift wider den patriarchalen Monotheismus" (2013) dargestellt. Und tatsächlich begegnen wir in Compostela nicht dieser patriarchal besetzten Mutter, sondern wir begegnen der Kosmischen Mutter des Universums, der Magischen Tod-in-Lebenwandlerin, die den Menschen seit Urzeiten vertraut ist.

Die Schwarzen Madonnen von Le Puys-en-Velaye und Rocamadour vom französischen Teil des Jacobwegs, die für den heiligen Aspekt der Tod-in-Lebenwandlung, in der seit dem Paläolithikum bekannten Religion von Gott der MUTTER stehen, hier in der Kathedrale in Santiago de Compostela, Galicien, Spanien

Die Heilige Catharina aus der Bethentrinität Barbara, Margarete und Catharina (C+M+B). (siehe hierzu auch Armbruster, Kirsten 2013, S. 31 und 47/48), sowie unten die Höhlen-Maria von Lourdes, Kathedrale Santiago de Compostela, Galicien, Spanien

Gott die MUTTER auf der Mondsichelbarke und in ihrem Sternen-
aspekt als Kosmische Mutter des Universums aus der Kathedrale in
Santiago de Compostela, Galicien, Spanien

Neben dem Hauptweg des Camino Francés gibt es eine
Reihe von weiteren Jacobswegrouten. An der nordspani-
schen Küste, direkt am Meer, treffen wir auf die Jacobs-
wegroute, Camino „primitivo", als älteste Variante oder
auch auf die heute sehr beliebte Route Camino de la Costa, die über Bilbao, Castro Urdiales, Santander und Or-
viedo oder auch durch die Berge bis nach Santiago de
Compostela führt. Von **Lissabon** in Portugal, aber auch
von **Sevilla** in Andalusien, von **Madrid** und von **Barcelona** über das Heiligtum der Schwarzen **Madonna von
Montserrat**, gibt es Wege, die ebenfalls als Zubringer-
wege zum Hauptpilgerweg gelten.

In **Frankreich** werden vier Hauptwege als Jacobswege angeführt:

die Via Turonensis aus **Paris**,
die Via Lemovicensis aus **Vézelay**,
die Via Podiensis von **Le Puy-en-Velay**
die Via Tolosana aus **Arles** in der Camargue.

Aber auch hier gibt es noch zahlreiche Nebenwege zum Beispiel über **Rocamadour** oder über **Lourdes**. Natürlich gehen auch von Rom in Italien, aber auch von Österreich und der Schweiz Jacobswegnetze aus, und selbst Großbritannien verzeichnet Jacobspilgerwegrouten. In Deutschland begann die Ausweisung von Wegen erst 1992, aber inzwischen ist auch hier das ganze Land von einem Jacobswegenetz durchzogen. Hierbei kann man sich des Eindrucks nicht erwehren, dass in Allianz zwischen katholischer Kirche, Tourismusvereinen und Politik, ganz Europa Jacobsland geworden ist.

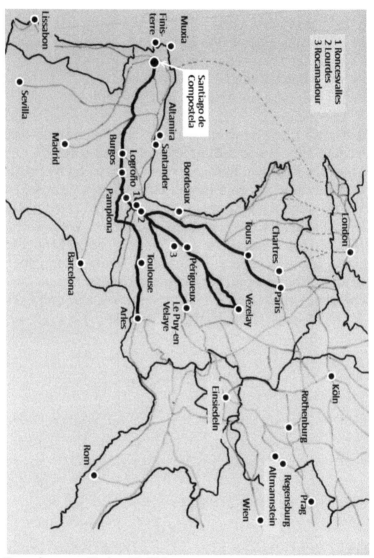

Karte der europäischen Wallfahrtsrouten am Jacobsweg

Wer ist nun dieser **Jacob**? Lesen wir hierzu die Zusammenfassung von Thomas Schröder aus dem Reiseführer des Michael Müller Verlags über Nordspanien aus dem Jahr 2011:

Wie Jacob nach Campus Stellae kam:
„Nach Legenden, die allerdings erst ab dem 7. Jhd. nachweisbar sind, soll der heilige Apostel (Span. Santiago) in Spanien gewesen sein, um die heidnische Halbinsel zu christianisieren: ein Versuch, der, so er tatsächlich stattgefunden hat, weitgehend fehlschlug, worauf Jacob nach Jerusalem zurückkehrte. Dort wurde er, soviel ist wiederum gesichert, auf Befehl von Herodes Agrippa enthauptet". Danach gibt es zwei Versionen dieser Geschichte. Die eine besagt, dass der Steinsarg von Jacob alleine durch das Mittelmeer Richtung Compostela trieb, die andere besagt, dass der Sarg in einem unbemannten Schiff, das von Engeln gesteuert wurde, binnen weniger Tage die galicische Küste erreichte, den Rio Ulla aufwärts fuhr „bis in die Nähe von Iria Flavia, der Hauptstadt des damals römischen Galiciens, wo die Gebeine Jacobs beigesetzt wurden. In der zweiten Hälfte des 8. Jhds., fast ganz Spanien war von den Mauren besetzt, begann man sich am asturischen Königshof der Legende zu erinnern. Reliquien konnten der **Reconquista**, der christlichen Rückeroberung, sicher förderlich sein, doch wo war das Grab? Ein wundersamer Stern, der, begleitet von himmlischen Chören, dem Einsiedler Pelayo erschien, half schließlich zwischen 810 und 820 dem Wunsch auf die Sprünge. Man grub auf dem von Pelayo bezeichneten Sternenfeld (auf Lateinisch Campus Stellae, die am weitesten verbreitete Erklärung für den Namen Compostela) und fand tatsächlich einen Marmorsarkophag" (S.

505/506). „Bald erwies sich der Heilige als durchaus zuverlässig, erschien schon 844 bei der **Schlacht von Clavijo** in Gestalt eines Ritters und wütete als solcher so fürchterlich unter den gegnerischen Mauren, dass die dankbaren Spanier ihren Schutzheiligen fortan mit dem ehrenvollen Beinamen des **„Maurentöters" (matamoros)** schmückten" (S. 29).

Diese Legende ist nicht nur abstrus, sondern beinhaltet auch ein hohes Maß an Gewaltverherrlichung. In diesem Zusammenhang erscheint der Aufruf von Papst Johannes Paul II. an Europa, seine Wurzeln wiederzubeleben, noch einmal in einem anderen politisch-theologischen Licht. Will die katholische Kirche, die sich nach außen heute scheinbar tolerant gegenüber anderen Theologien gibt, in Zeiten, wo der Islam einen stetigen Zuwachs schon über Zuwanderung auch in Europa erfährt, eine geistig-spirituelle Wiedererweckung des militanten Christentums, durch den starken Ausbau des Jacobbooms mit initiieren? Denn Jacob als verherrlichter Maurentöter steht in Wahrheit für das **militante Christentum des Mittelalters**, für die **Reconquista**, für die **Kreuzzüge** und für die **Inquisition**, der auch in **Amerika** Tausende zum Opfer fielen. Überliefert ist hierzu das grausame Wüten des größten „katholischen Bluthunds" **Fernando Cortez** in Mexiko. Dieser ließ unter dem Schlachtruf **„Hie Sankt Jacob"** Zehntausende Temixtitaner „abstechen, erschlagen, erwürgen, erhängen, ersäufen, verbrennen, zwischen Pferden zerreißen, von Hunden zerfleischen und von Kanonenmündungen pulverisieren", wie er selbst stolz berichtete. (Deschner, Karlheinz; 2001, S. 481/482).

Oben Jacob der Maurentöter
in der Kathedrale von Burgos
und unten in Astorga im Palacio
Episcopal von Gaudi,
beide Camino Francés, Spanien

Das martialische Bild des **Jacob Matamoros**, den es auch in der Schreibweise **Matamouros** gibt, finden wir auch heute noch in der Kathedrale in Santiago de Compostela. Tobias Büscher vom Dumont Verlag schreibt über den Rundgang in der Kathedrale:

„Geht man Richtung Hauptaltar und hält sich am Querhaus links, taucht linker Hand in einer Nische die Statue des Santiago Matamoros hoch zu Ross auf, der kämpferisch blickt und dabei sein Schwert schwenkt. Darunter und das ist nicht mehr zu sehen, liegen die Köpfe der Mauren, die der matamoros (Maurentöter) ihnen abschlug. Sie sind mit frischen Blumen bedeckt. Das martialische und oft kopierte Bildnis des matamoros gehört zur Glaubensüberlieferung rund um den Apostel und wurde nie in Frage gestellt, bis sich das Attentat auf das World-Trade-Center in New York ereignete. Schon damals kamen erste Überlegungen auf, ob auch die Jacobs-Kathedrale Ziel eines Anschlags werden könnte. Plötzlich sah man, dass die geköpften Mauren unter dem Apostel möglicherweise eine Provokation darstellen. Als später dann bekannt wurde, dass die Anschläge in Madrid auf Vorortzüge im Jahr 2004 einen islamistischen Hintergrund hatten, kamen die Berater des Dompropsts sofort überein, die Köpfe unsichtbar zu machen und den matamoros ab jetzt nur noch heiliger Jacob zu nennen". (Büscher Tobias, 2010, S. 169/170).

Hier stellt sich die dringliche Frage, wie viele der heutigen Pilger auf dem Jacobsweg, die vielleicht vor allem einen Ausstieg aus ihrer Alltagsroutine suchen, sich dieser politisch-theologischen Brisanz bewusst sind und tatsächlich dem Geist eines kriegerischen Christentums mit ihrer Wallfahrt huldigen wollen. Und es stellt sich eine weitere Frage, nämlich die, ob der Boom um den

Jacobsweg nicht auf viel ältere Traditionen zurückgeht, nämlich auf die Wurzeln der Menschheit, die den größten Teil der Menschheitsgeschichte als WildbeuterInnen durch das Land zogen. Hier lohnt es sich nachzuforschen und diesen Fragen gezielter nachzugehen, denn es ist wohl kaum anzunehmen, dass es den meisten JacobswegpilgerInnen um die Verherrlichung eines Gewalttäters geht.

Die Muschel

*Die Vagina ist eine Muschel, eine runde rosafarbene empfindli-
che Muschel, die sich öffnet und schließt, schließt und öffnet.
Meine Vagina ist eine Blume, eine ungewöhnliche Tulpe, deren
Zentrum spitz und tief, deren Duft köstlich ist, deren Blätter zart
und doch kräftig sind.*
Eve Ensler: Der Vagina-Workshop; Vagina-Monologe,
2000, S. 49

*Anatomisch betrachtet besteht das primäre weibliche Ge-
schlechtsorgan aus drei Einheiten: dem sichtbaren, äußeren
Teil: der Vulva, der Körperöffnung, die den äußeren und den
inneren Teil miteinander verbindet: der Vagina, sowie dem inneren, nicht sichtbaren Teil: dem Muttermund, der Gebärmutter
und den Eierstöcken. In Umgangs- und Fachsprache kommt die
Vulva jedoch nahezu nicht vor. Stattdessen wird der Begriff
Vagina verwendet. Dadurch bleibt von dem sichtbaren weiblichen Genitale nur ein Loch übrig.*
Mithu M. Sanyal; VULVA, 2009

*In manchen Gegenden spricht man von ihr als Miezekatze ... In
Norddeutschland nennt man sie Waterkant, in Bayern Bitschi-
gogerl. Man nennt sie auch Puderdose, Muschi oder eine Pimpa,
eine Pitsche, eine Pitschka, eine Pumpelmeise, eine Punze oder
eine Puschka, Witsche, Biesi, Bibsi, Mutterschiff, Tschurimuri,
Glumse, Glische, Miss Brown, Tiefsee, Pißchenpee, Zipfelmütze,
Wundertüte, Knispeldose, Wurliblume, Kutte, Rosamunde, Paradies, Gigelwitz, Gigeritz, Schnuppe, Muschel, Blume, Bixn im
Wienerischen, Mößle im Schwäbischen und Schmende im Jiddi-
schen. Ich mache mir Sorgen um die Vagina.*
Eve Ensler, Vagina-Monologe, 2000, S. 15/16

K ennzeichen des Jacobwegs ist eine stilisierte Muschel.

Die stilisierte Muschel als Kennzeichen des Jacobwegs

Aber wofür steht die Muschel seit Menschengedenken eigentlich?

Muscheln als Grabbeigabe
Muscheln und Schnecken werden seit dem Paläolithikum (Altsteinzeit) den Menschen, oft in Verbindung mit rotem Ocker oder Rötel, ins Grab gelegt, besitzen also eine uralte Symbolik in Verbindung mit dem Tod. Die ältesten Begräbnisstätten, in denen die Toten entweder einfach abgelegt oder später auch beerdigt wurden, finden wir in Höhlen. In Europa liegt der älteste menschliche Fossilienfund dabei interessanterweise ausgerechnet am heutigen Jacobsweg, nämlich in der Höhle von **Sima del Ele-**

fante bei **Atapuerca** in der Nähe von **Burgos** in Spanien, wo heute die größte Marienkathedrale des Jacobwegs zu finden ist. Die Knochenfundstelle in der Höhle wird auf ein Alter von 1,3 Millionen Jahren datiert. Muschelfunde in Verbindung mit dem Tod gibt es zahlreiche. E. O. James berichtet von mehreren Muschelfunden in Verbindung mit Grabstätten in Höhlen, und der Autor setzt die Muscheln in einen mütterlichen Zusammenhang mit bekannten Urmutterfigurinen.

Über die berühmte Urmutter von Laussel mit ihrem dreizehnkerbigen Mondhorn, die in der Nähe des Vézère Tals im Départment Périgord-Dordogne in der Region Aquitanien (Frankreich) gefunden wurde und auf ein Alter von 25 000 bis 20 000 v.u.Z. datiert wird, schreibt James:

„An einem geschützten Felsen in Laussel im Beunetal nahe Les Eyzies in der Dordogne wurde die bekannte Figur einer nackten Frau in einen Steinblock geritzt. Sie ist offensichtlich schwanger, hält in ihrer rechten Hand ein Bisonhorn und ist etwa 45 cm hoch. Der Körper ist mit roten Pigmenten bemalt, die in altsteinzeitlichen Ritualen häufig als Leben spendende Kraft verwendet wurden, als Ersatz für Blut. ... Der wesentliche Zweck des Kultes war das Spenden von Leben durch die äußeren Zeichen mütterlicher Fruchtbarkeit". (James, E.O.; 2003, S. 64).

In diesem Zusammenhang sieht der Autor auch Muscheln und Amulette. Er führt weiter aus:

„Für diesen Zweck scheinen in der Altsteinzeit auch Muscheln als Amulette verwendet worden zu sein. Das kann man an ihrem häufigen Auftauchen in Gräbern erkennen,

wo sie offenbar eine Leben spendende Bedeutung hatten. So wurden in der Grotte des enfants (Grotte der Kinder) auf den Grimaldi-Friedhöfen zwei Reihen von durchlöcherten Muscheln um den Kopf eines Jugendlichen herum gelegt, dessen Skelett mit Eisenoxid rot gefärbt worden war. An den Armen der kauernden Frau, die mit ihm begraben wurde, befanden sich Muschelarmbänder ... In der benachbarten Grotte du Cavillon fand man nicht weniger als 7868 Meeresmuscheln, von denen 875 mit einem Loch versehen waren. Ohne Zweifel gehörten sie zu Halsbändern. 200 davon lagen in der Nähe von Köpfen. Am Schädel war eine Kopfbinde aus Meeresmuscheln ... In Barma Grande, der fünften Höhle dieser Serie, war das Skelett eines Jungen in einem mit rotem Ocker umrandeten Grab ähnlich geschmückt: Mit Nassamuscheln und Tierzähnen, alle mit Löchern versehen, zusammen mit Elfenbeinanhängern, einem Halsband und zwei großen Kaurimuscheln ... die junge Frau in diesem Grab hatte ziemlich die gleiche zeremonielle Ausrüstung, einschließlich eines Kragens aus Muscheln ... In der sechsten Höhle Baousso da Torre fand man einen Muschelkragen, eine Kopfbinde und ein Gitter mit Muschelanhängern. Im Bereich des Abri Cro-Magnon bei Les Eyzies in der Dordogne, wo 1868 die ersten Knochen-Überreste eines Mannes aus der Altsteinzeit gefunden wurden, befanden sich zwischen den Gebeinen 300 Meeresmuscheln, hauptsächlich Littorina littorea ... eine Meile entfernt waren Kaurimuscheln sorgfältig und paarweise auf einem Leichnam arrangiert; zwei Paar auf der Stirn, eins nahe den Schultern, vier nahe den Knien und Schenkeln und zwei auf jedem Fuß. Eine solche Verteilung konnte kaum einem anderen Zweck als einem magisch-religiösen zur Wiederherstellung des Lebens für die Verstorbenen gedient haben. Ebenso die verbreitete Praxis, *pulverisierten Ocker in altsteinzeitliche Gräber zu geben, mit dem die Muscheln und Halsbänder als Grabbeilagen korrespondieren". (ebenda, S. 64/65).*

In Australien wurde ebenfalls Ocker bei Bestattungsriten verwendet. Anna Voigt und Nevill Drury berichten vom Mungo-Mann, einem der ältesten am Luke Mungo gefundenen Skelette, dessen Knochen auf ein Alter von 36 000 Jahren datiert werden, dass er mit Ocker eingesalbt war. (Voigt, Anna; Drury, Nevill; 1998, S. 70). Eine perforierte Muschel mit roter Pigmentierung, die der Gattung **Pecten maximus** angehört, also eine **Jacobsmuschel** ist, wurde in der Höhle (Cueva) Antón in Mula bei Murcia in Spanien gefunden. Diese wird dem Mittleren Paläolithikum (50 000 v.u.Z.) und damit den **NeanderthalerInnen** zugeordnet. (Museo Evolución Humana, Burgos). Auch das älteste Grab eines Cro-Magnon-Menschen in Deutschland, das auf circa 18 600 v.u.Z. datiert wird, wo ein etwa 30-jähriger Mann in einer dicken Schicht Rötel gefunden wurde, befand sich in einer Höhle, nämlich in der Mittleren Klausenhöhle in Essing im Altmühltal. Auch in letzterer wurden als Grabbeigaben, neben Knochen, Schnecken gefunden. Im Archäologischen Museum in Kelheim ist dazu eine Kette aus Knochen und Schneckengehäusen ausgelegt, welche die Grabbeigabe wiedergeben soll.

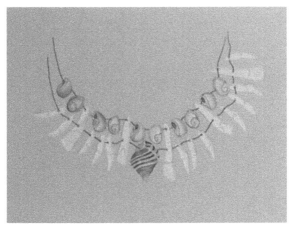

Grabbeigabe bei der ältesten Bestattung eines Cro-Magnon-Menschen in Deutschland in der Klausenhöhle in Essing im Altmühltal bei Kelheim (18 600 v.u.Z.). Der Tote war mit Rötel bestreut. Archäologisches Museum Kelheim

Bei einem sensationellen Fund in Frankreich, in der Bretagne, auf der Île Téviec im Atlantik, wurden in Hockergräbern den Toten Jacobsmuscheln und Kaurimuscheln beigelegt. Und auch hier wurden die Toten mit Ocker bestreut. Die Funde werden auf 4625 v.u.Z. datiert und damit dem Mesolithikum zugerechnet Von Mesolithiker-Innen spricht man, wenn die Menschen noch als WildbeuterInnen lebten, obwohl in anderen Gegenden die neolithische, produzierende Wirtschaftsweise schon Einzug gehalten hatte. Die Insel Téviec ist eine winzige Felseninsel, die nicht bewohnt war, sondern als Toteninsel für Bestattungen diente. Die Funde aus den mesolithischen Hockergräbern können heute im Museum von Toulouse besichtigt werden. (Wikipedia, Stichwort Île Téviec).

Hockergräberbestattung mit Ocker
und der Grabbeilage von Kaurimuscheln
und Jacobsmuscheln
von der Toteninsel Île Téviec,
Bretagne, Mesolithikum, 4625 v.u.Z.,
heute im Museum in Toulouse,
unten Detailansicht,
Wikimedia Commons, User Didier Descouens

Die **Basilika in Toulouse** gehört zu den großen Pilger-
kirchen am Jacobsweg. Da sie im Mittelalter von Karl
dem „Großen" freizügig mit Devotionalien ausgestattet
wurde, besaß sie den zweitgrößten Reliquienschatz der
christlichen Welt. „Die Gläubigen konnten ihre Andacht
an den Gebeinen von 130 Heiligen, darunter **sechs
Aposteln** abhalten", schreibt Ralf Nestmeyer im Reiseführer über Südfrankreich aus dem Michael Müller Verlag. (2003, S. 703). Wo so ein Reliquienkult betrieben
wird, ist natürlich eine Schwarze Madonna nicht weit
und tatsächlich: Toulouse war berühmt für seine
**Schwarze   Madonna   Notre-Dame-la-Noire-de-la-
Daurade**. Sie stand besonders in der Tradition die Geburt zu erleichtern. Mütter bestellten die Schwarze Madonna in ihre Häuser, um ihren Töchtern eine schmerz-
lose und schnelle Geburt zu ermöglichen. Heute gibt es
allerdings nur noch eine Kopie dieser Madonna, denn
das Original wurde während der Revolution zerstört.
(Cassagnes-Brouquet, Sophie; 2000, S.146).

Die Muschel und das Tor zur Welt
Bei den Schnecken und Muscheln, die bei den Toten gefunden wurden, handelt es sich häufig um die sogenannte Kaurimuschel, die eigentlich zu den Schnecken gehört,
der Vulva der Frau ähnelt und daher häufig als Venusmuschel bezeichnet wird. Bis in die heutige Zeit werden
sie niemals männlich, sondern immer nur im weiblichen
Kontext tradiert. Sehr schön kann man dies auch bei der
nächsten Abbildung erkennen. In der Türkei, im Museum
in Pergamon (Bergama), finden wir die weißen Kaurimuscheln aufgenäht auf roten Kleidern, die damit die
typischen Mutterfarben aufzeigen. Der ebenfalls rote
Gürtel (links oben) zeigt zudem das typische Pudenda-V-

Zeichen, also das mit der Spitze nach unten weisende Schamdreieck auf, so dass wir auch hier erkennen können, dass die Muschel immer im weiblichen Kontext gesehen wird und das **Vulvasymbol** schlechthin ist.

Kleidung von Frauen im Museum in Pergamon (Bergama), in der Türkei, wo die Kaurimuscheln sehr deutlich die Vulvasymbolik aufzeigen, nicht nur bei den Muscheln selbst, sondern auch bei dem Gürtel, der auf das Pudenda-Dreieck, das mit der Spitze nach unten gerichtete Schamdreieck der Frau weist.

Tatsächlich entdecken wir nicht nur eine Analogie zwischen der Venusmuschel und der Vulva der Frau, sondern wir finden häufig auch eine dritte Analogie in den Höhleneingängen selbst, die wie die Vulva von Mutter

Erde wirken. Auch in der Klausenhöhle in Essing treffen wir auf diese von der Natur ausgeformte Vulvasymbolik.

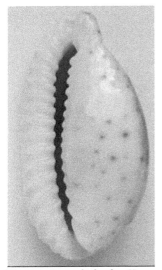 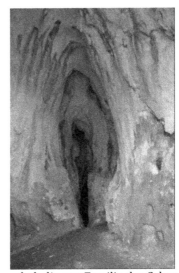

Die Kaurimuschel oder Venusmuschel, die zur Familie der Schnecken gezählt wird, ist seit Menschengedenken ein Symbol für die Vulva der Frau. Rechts die vulvaförmige, von der Natur ausgeformte Eintrittspforte zu einer Höhle, die in der Religion der Kosmischen Mutter in die Erdbauchhöhle führt, hier zu einer der Klausenhöhlen in Essing im Altmühltal, wo die älteste Bestattung eines in Rötel gehüllten Cro-Magnon-Mannes (18600 v.u.Z.) gefunden wurde.

Die Vulvasymbolik als ursprüngliche Wiedergeburtssymbolik ist bis heute im religiösen Kontext erhalten in der häufigen Darstellung der **Maria in der Mandorla** (Mandel), aber auch in der Verbindung der **Maria mit der Rose** (siehe auch Rosenkranz), denn die Mandel ist, ebenso wie die Rose, ein uraltes Symbol für die Vulva als Lustgarten der Frau. Dieses Symbol stammt aus der Zeit, wo die Sexualität der Frau von der freien **female choice** geprägt war. Heute wird diese uralte Symbolik aber kaum mehr verstanden, und es ist ja auch nicht im Sinne der Kirche diese Symbolik wieder zu verstehen, vertritt doch die Kirche, wie alle patriarchalen Theologien einen sexualmoralischen Jungfrauenkult, der auf sexueller Enthaltsamkeit und Lustfeindlichkeit basiert.

Maria auf der Mondsichel und in der Mandorla. Die Mandorla ist ein Symbol für die Vulva der Frau, die das Tor zur Welt ist.

Ganz im Gegensatz zur Körperfeindlichkeit der patriarchalen Theologien gilt die Vulva in der Religion von Gott der MUTTER als heiliger Ort zu neuem Leben und als Ort der Frauenlust. Diese, seit dem Paläolithikum bekannte heilige Vulvasymbolik ist auch bei der Figur der häufig anzutreffenden Lourdes-Maria klar erkennbar, die immer in einer Höhlengrotte dargestellt wird, tatsächlich auf die baskische Göttin Mari zurückgeht und mit ihrem faltigen Mantel und den gefalteten Händen die Vulva mit der Klitoris der Frau wiedergibt. Nur wenige Kilometer von der Klausenhöhle entfernt, bei Riedenburg im Altmühltal, treffen wir auf diese Vulvasymbolik von Gott der MUTTER, denn dort befindet sich direkt oberhalb eines natürlichen vulvaförmigen Schlupfsteins eine Grottenhöhlenkapelle mit der typischen **Madonna von Lourdes** in ihrer auffallenden **Vulva-Klitoris-Symbolik**.

Vulvaförmiger Schlupfstein bei Riedenburg im Altmühltal mit der typischen Madonna von Lourdes Vulva-Klitoris-Symbolik in der Grottenhöhle. Die Lourdes-Maria geht auf die seit dem Paläolithikum (Altsteinzeit) bekannte **baskische Göttin Mari** zurück, die ihre Wurzeln in den Pyrenäen hat, wo heute der Camino Francés, der spanische Teil des Jacobwegs beginnt und alle vier französischen Jacobwegrouten sich vereinen.

Wir wissen heute, dass die AhnInnen der Basken nach der letzten Eiszeit ihr frankokantabrisches Rückzugsgebiet wieder verließen und in das nördliche Europa wanderten. Dadurch brachten sie ihren Kult der göttlichen Mutter mit. Humangenetisch kann man nämlich heute nachweisen, dass zwei Drittel unserer Gene von den Basken abstammen. Mehr dazu im Kapitel „Die Wurzeln Europas" und im zweiten Teil dieses Buches.

Das Geheimnis der Schlupfsteine

Ursprünglich war der **Schlupfritus** als Ritus der Heilung und der Lebenserneuerung weit verbreitet. Immer noch finden wir ihn in **Galicien**, in **Muxia**, dem nach Finisterre zweiten berühmten Zielpunkt des Camino Francés am Atlantik. Im äußersten Westen Europas, wo die Sonne täglich im Meer versinkt, um im Osten am nächsten Morgen wiedergeboren zu werden. Dort an der **Costa da Morte**, der Küste des Todes, wie die nordwestspanische Atlantikküste in doppelter Bedeutung genannt wird, ist das Meer zwar gefährlich, aber es wartet dort auch die Kosmische Mutter der Wiedergeburt und der Heilung. Gott die MUTTER, welche die Toten in der **Barke** durch das Totenreich geleitet, auf dass ihre Seelen den **Sternenweg der Milchstraße** zurücklegen können, um, wie die Sonne im Osten, wiedergeboren zu werden. Die Körper konnten der Meeresmutter anvertraut werden, denn an der Muschel, der **Bauchmutter des Meeres** konnten die Menschen ja nachvollziehen, dass dort neues Leben re-in-karniert, wieder in Fleisch gekleidet wurde (mehr dazu auch in dem Kapitel „Höhlen als Kathedralen der Steinzeit: Kannibalismus als AhnInnenkult").

Die berühmten Felsen in Muxia, der **Pedra de Abalar**, der **Pedra do Temón**, der **Pedra dos Namorados** und der **Pedra dos Cadrís** sind bis heute Zeugen dieses alten Wissens. Der Felsen (Pedra) von Abalar war bis zur Sturmwelle von 1978 ein berühmter **Wackelstein**, bei dem die Menschen einen Wunsch frei hatten, also ein **Wunschstein**. Heute lässt er sich nicht mehr bewegen, aber das Wissen darum ist noch nicht verloren gegangen. Und der auffällige **Pedra dos Cadrís** ist bis heute ein **Schlupfstein** der Lebenserneuerung. Kriecht man neun-

mal hindurch, so ist man seine Krankheiten los. Besonders wirksam soll er bei Rheuma sein.

Der **Schlupfstein Pedra dos Cadrís**
in Muxia, Galicien, Spanien. Einst erwartete
dort die Menschen Gott die MUTTER in der
Barke, um die Toten durch das Totenreich
zu geleiten, damit sie wiedergeboren
werden konnten. Noch heute befindet
sich hier die Kirche **Santuario de Nosa
Señora da Barca**, die im Namen das
Alte Wissen bewahrt hat.

Die christliche Überlagerung nimmt hier, wie schon bei der Legende um den Apostel Jacob absurde Züge an, denn heute werden die uralten Heiligen Steine so interpretiert, dass dort das Steinschiff der christlichen Maria zerschellt sei. Tobias Büscher schreibt über die christliche Legende.

„Der Legende nach soll hier die Gottesmutter mit einem **Steinschiff** *gelandet sein, um dem* **Apostel Jacob** *bei seiner* **Missionstätigkeit** *zu helfen". Und der* **Pedra de Abalar** *soll das Segel dieses wunderlichen Schiffes gewesen sein. (Büscher, Tobias, 2010, S. 211).*

Wie weit hergeholt eine solche christliche Überlagerung ist, wird noch einmal mehr deutlich, wenn man dazu in Beziehung setzt, dass Maria, die Mutter Jesus, doch eigentlich in **Ephesos/Ephesus** (griech./röm.) in der Türkei missioniert haben soll, und dort auch der christlichen Überlieferung nach ihre Gebeine liegen. Hier in Ephesos entstand 431 n.u.Z. nämlich die erste Kirche, die der christlichen Maria gewidmet wurde, obwohl in Ephesos zu der Zeit eines der Hauptheiligtümer der **Artemis /Diana** war. Da die Christen als patriarchal-monotheistische Religion ja Gott die MUTTER entmachten wollten, hatten sie ja gar keine Göttin mehr, und so mussten sie ständig in die theologische Trickkiste greifen. Im Konzil von Ephesos wurde 431 n.u.Z. die christliche Maria daher zwar als Gottesgebärerin bestätigt, die Göttlichkeit selbst wurde ihr aber gleichzeitig aberkannt. Dies offenbart sehr klar die Vorgehensweise des Patriarchats: nämlich die versuchte Entmachtung der Göttin und die Überlagerung des ursprünglichen kosmologischen Gott die MUTTER Kults, mit einem den Männern dienenden Mutterkult, der die Mutter zur Magd des patriarchalen Mannes und zu einem passiven Gefäß eines Vaters degradiert. Barbara Walker schreibt über den **Artemis-Diana Tempel in Ephesus**:

*„Die meisten Menschen glaubten jedoch, dass mit dieser Lieben Frau nicht Maria, sondern Diana gemeint sei. Im Jahre 431 versuchte das Konzil von Ephesus die Verehrung der heidnischen Göttin zu verbieten, aber die Bischöfe wurden von Menschenmassen belagert, die riefen. „Gebt uns unsere Diana der Epheser". Um die Ordnung zu wahren, wurde als Entschuldigung für die Umfunktionierung des Dianatempels in Kirchen der Heiligen Jungfrau eine Legende erfunden, nach der **Maria** ihre letzten Jahre in **Ephesus** verbracht hatte. Auch ihr Grab sollte dort liegen". (Walker, Barbara; 1995, Stichwort Diana).*

Die vielbrüstige Artemis von Ephesos

Die vielbrüstige Artemis von Ephesos (Türkei) geht wie die ägyptische Göttin Isis auf die seit dem Paläolithikum bekannte Kosmische Mutter zurück. Als Sternenbild Ursa Mayor, Große Bärin, ist sie bis heute am Himmelszelt verewigt. Ephesus war der erste Ort einer Göttin, welcher in eine Anbetungsstätte der christlichen Maria umgewandelt wurde. Angeblich soll Maria dort die letzten Jahre ihres Lebens verbracht haben und dort gestorben sein. Tatsächlich ist Ephesus ein altes Quellheiligtum und die Quelle ist bis heute Ziel von Wallfahrten, was die vielen weißen Wunschzettel neben der heute eingefassten Quelle zeigen.

Noch im Neuen Testament, in der **Apostelgeschichte**, wird die Größe der Artemis beschrieben und die Besorgnis der Menschen um ihre „**Artemis von Ephesus**" ist dort beeindruckend in dem Kapitel „**Der Aufstand des Demetrius**" festgehalten:

*„Nicht allein aber ist für uns Gefahr, dass **der Tempel der großen Göttin Artemis** für nichts geachtet und auch ihre herrliche Größe, die **ganz Asien und der Erdkreis** verehrt, vernichtet wird. Als sie aber das hörten, wurden sie voll Wut, schrien und sagten: **Groß ist die Artemis der Epheser**!" (Apg. 19, 27-30)*.

Tatsächlich galt der Artemistempel in Ephesos in der Antike als eines der **sieben Weltwunder**. Er wurde am Fuße des Ayasuluberges gebaut und lag ursprünglich am Meer, so dass wir davon ausgehen können, dass eine der uralten Beinamen für die Artemis auch den Bezug zum Meer beinhaltet haben wird, wie wir es ebenfalls bei der in dieser Region stark verehrten Aphrodite als Aphrodite-Mari kennen. Tatsächlich befinden wir uns in der Zeit vom Konzil von Ephesus natürlich schon in patriarchalen Zeiten, denn die Griechen und die Römer haben ja mit Zeus und Jupiter bereits einen hierarchischen Götterpantheon unter männlicher Herrschaft. Und Artemis hat zu diesem Zeitpunkt schon einen Zwillingsbruder bekommen, den Gott Apollon. Dieser hat bereits die Herrschaft über die alten Orakelstätten der Frauen übernommen, und als Drachentöter steht er für den mythologischen Muttermord. Wie wichtig die öffentliche Funktion der Frauen aber zu dem Zeitpunkt noch war, kann man trotzdem sehr gut an den alten Stätten nachvollziehen. Denn auf dem Tempelgelände in Ephesos befindet sich eine Bibliothek, die zwischen 114 und 125 n.u.Z. von den

Römern erbaut wurde. Die vier weiblichen Figuren vor der Bibliothek zeigen sehr deutlich, dass die öffentliche Bildung noch vor 2000 Jahren mit den Frauen assoziiert war. Dort stehen: Sophia, die Weisheit; Arete, die Vortrefflichkeit; Ennoia, die Urteilskraft und Episteme, der Sachverstand.

Wenn man bedenkt, dass zum Beispiel in Deutschland Frauen erst wieder seit 100 Jahren an den Universitäten zugelassen werden, so muss mit dem Beginn unserer Zeitenrechnung ein eklatanter Gewaltakt gegenüber den Frauen stattgefunden haben, der überwiegend in die Zeit des Monotheismus fällt.

Die Bibliothek in Ephesos zeigt, dass öffentliche Bildung und Weisheit noch vor 2000 Jahren mit den Frauen assoziiert waren, denn die vier Figuren am Fuße der Bibliothek sind Frauen; Bibliothek, Tempelgelände Ephesos, Türkei

Sophia – die Weisheit   Arete – die Vortrefflichkeit

Ennoia – die Urteilskraft   Epistene – der Sachverstand

48

Der Kirche gefiel die Verehrung der vollmächtigen göttlichen Mutter in ihren zahlreichen Erscheinungsformen nicht, wollten sie doch Gott den Vater durchsetzen. So erklärten sie alles zu Götzen, was der Vorherrschaft eines männlichen Monotheismus im Wege stand. Da das nicht so ohne Weiteres gelang, erfanden sie Heiligenlegenden oder sie setzten, wie in Ephesos oder, wie wir gesehen haben auch in **Muxia,** einen christlichen Marienkult darüber, nur dass diese Mutterfigur ab sofort unter der Herrschaft des männlichen Herrn stand.

Natürlich gefiel den patriarchalen Machttheologen auch der mit vulvaförmigen Schlupfsteinen verbundene Schlupfritus nicht, erinnerte er doch an den Vulvakult der Alten Religion von Gott der MUTTER. Und so versuchten sie auch gegen den im Volksglauben tief verankerten Schlupfritus vorzugehen, wie das überlieferte Beispiel einer mittelalterlichen Bußanordnung aufzeigt. Monika Löffelmann, die in Verbindung mit Erdställen ein umfangreiches Wissen zusammengetragen hat, zitiert aus einer kirchlichen Bußanordnung zum Schlupfritus:

„Kirchliche Verbote und Beichtfragen betreffen auch den Schlupfritus, wie z.B. die Bußanordnung aus dem frühen Mittelalter: Wenn jemand für die Gesundheit seines kleinen Sohnes durch eine Öffnung in der Erde geht und diese mit Dornbüschen hinter sich schließt, so soll er 40 Tage bei Brot und Wasser dafür büßen. (Löffelmann, Monika; 1997, S. 97).

Trotz aller kirchlichen Sanktionen ist der die Vulva, also die Muschel der Frau, verehrende Schlupfrituskult auch heute noch erhalten. Zum Beispiel auch in der **Wallfahrt**

zur Nossa Senhora da Lapa in Portugal, etwas nördlich von Lissabon gelegen. Monika Löffelmann beschreibt diesen Wallfahrtsritus folgendermaßen.

„Wenn die Prozession der Gläubigen bei der Kirche eintrifft, beginnt unter Mariengesängen das Hochamt. Die Journalistin Langenbrinck bemerkt, dass jedoch kaum jemanden die Messe zu interessieren scheint, vielmehr immer mehr Gläubige in Richtung Hauptaltar verschwinden, der aus zwei flachen **Felsplatten** *besteht, die den schmalen Eingang zu einer* **Grotte** *bilden; einer nach dem anderen zwängen sie sich nun durch die enge Öffnung in die* **Höhle***, in der die Mutter Gottes erschienen sein soll. Gleich neben dem Eingang zur Grotte thront die golden schimmernde Madonna auf einem schneeweißen Lager, das eine Wiege oder ein Ehebett sein könnte. Die Gläubigen drängen noch weiter ins Innere der Grotte, wobei der Gang immer dunkler und enger wird: In einer Nische steht dann eine weitere Statue, Maria als junges Mädchen mit Säugling am Arm... doch von hinten schiebt sich die Schlange nun auf eine schmale Öffnung zu, hinter der ich* **das Licht der Welt** *erhoffe, denn der Volksmund nennt sie liebevoll-drastisch* **„Löchlein, Spalte oder Schlitz"** *Unserer Lieben Frau. ... Durch diesen Schlitz zwängen sich alle Gläubigen, auch wenn es gerade Dickeren schwer fällt, denn ein Zurück in diesem Kanal gibt es nicht. Nach dem* **Schlupf durch die Grotte** *geht es nicht etwa zurück in die Messe, vielmehr laufen im Uhrzeigersinn Hunderte von Menschen eiligen Schrittes immer um die Kirche herum; im Sinne der heiligen Drehbewegung und der* **kosmischen Erneuerung** *in der richtigen Richtung: von links nach rechts".* (Löffelmann, Monika; 1997, S. 87/88).

Sehr schön ist in dieser Beschreibung die uralte Bedeutung des Schlupfritus erhalten, der natürlich nicht kirchlich ist, sondern auf die alte Religion der Kosmischen Mutter zurückgeht, die die Kirche patriarchal vereinnahmt hat: Es geht um eine ritualisierte Kosmische Erneuerung und wir erkennen hier sehr deutlich nicht nur den Aspekt der Wiedergeburt durch die Kosmische Mutter, sondern auch den der Erneuerung im Sinne einer **Heilung**. Dieser Aspekt des Abstreifens körperlicher Leiden durch einen Schlupfritus ist auch in Deutschland überliefert, zum Beispiel in der Nähe des bayerischen Roding. Derungs beschreiben dort einen Schlupfstein, der natürlich **Marienstein** heißt, so:

*„Südlich von Roding befindet sich bei Falkenstein, nordwestlich von Schweinsberg, der berühmte **Marienstein** mit einem Durchgang. Die **Petrus-Wallfahrtskirche** wurde auf der Bergkuppe so an eine hohe Felsengruppe gebaut, dass eine **Schlupfspalte** entstand. Das Volk kam hierher, um **körperliche Leiden** abzustreifen. Nahe der Kirche liegen weitere große Felsblöcke verstreut, wovon drei eine Art Riesentisch, so die volkstümliche Bezeichnung bilden. Auch hier wurde der **Schlupfbrauch** geprägt. Ziel der **Wallfahrt** war neben dem heilenden Schlüpfen eine Holzstatue der Madonna mit Kind an der Nordseite der Kapelle. Ebenfalls an der Nordseite befindet sich eine weitere Madonnenplastik, welche die **Maria im Rosenkranz** darstellt. Es ist gut möglich, dass Marienstein einst ein Ort der (vor)keltischen Ahnfrau **Ana-Beth** war, der schwarzen Schicksalsfrau mit ihren beiden Schwestern **Wilbeth** und **Borbeth**. Darauf weist das Patrozinium des Petrus hin, der mit seinem ähnlich klingenden Namen (Beth>petrus) die Steinahnin überdeckt und christianisiert... Dabei sind so-*

*wohl **Beth als auch Petrus/Petra** sprachgeschichtlich verwandte Steinwörter". (Derungs, Kurt und Isabelle M.; 2006, S. 186).*

Die beindruckenden **Pedras**, die **Felsen in Muxia** haben wir ja schon kennen gelernt. Bekannt sind in diesem Zusammenhang auch die Felsenspalten im **jordanischen Petra am Toten Meer**, nicht weit entfernt von dem tradierten Wirken Jesus. Jesus werden im Neuen Testament, ein paar Jahrhunderte nach seinem Tod, die Worte in den Mund gelegt:

„... du bist Petrus, und auf diesem Felsen werde ich meine Gemeinde bauen, und des Hades Pforten werden sie nicht überwältigen". (Matthäus 16, 18).

An dieser Stelle können wir sehr deutlich nicht nur den patriarchal-vereinnahmenden, sondern auch den zerstörerischen Geist des Christentums erkennen. Denn es ist offensichtlich, dass durch Petrus die seit der Steinzeit Heiligen Steine von Gott der MUTTER patriarchalreligiös okkupiert werden sollen. (siehe hierzu auch das Kapitel "Ba-ityl die heiligen Steine der Kosmischen Mutter in Armbruster, Kirsten, 2013, S. 25/26). Interessant ist in diesem Zusammenhang, dass **Rom** neben **Santiago de Compostela** und **Jerusalem** der größte Wallfahrtsort der katholischen Christen ist. Ziel aller Wallfahrten nach Rom ist immer der kuppelförmige **Petersdom**, der, die seit dem Paläolithikum verehrten **Rundungen der Erdbauchmutter** architektonisch imitiert. Und unter dieser runden Erdbauchmutter soll, der christlichen Legende nach, ausgerechnet das vermeintliche **Grab des Apostels Petrus**, des Felsenapostels liegen. Erinnert sei, dass ja schon in Toulouse sechs Apostel liegen sollen.

Sehr einfach zu durchschauen ist auch der zweite Teil des patriarchalen Vermächtnisses an den Felsenpetrus, denn tatsächlich soll in dem obigen biblischen Felsenzitat nicht nur der Fels als Heiliger Stein von Gott der MUTTER patriarchal-männlich okkupiert, sondern die einst heilige Wiedergeburts-Höhle von Gott der MUTTER dämonisiert werden. Der Hades ist nämlich die christliche Hölle, das einst heilige Höhlen-Totenreich von Gott der MUTTER. (siehe hierzu auch die paläolinguistische Ableitung von Hel, Holle und Wall im Kapitel „Der Ursprung von Wallfahrten).

Auf dem **Tempelberg in Jerusalem**, dem dritten Wallfahrtsort aller drei monotheistischen Theologien, der heute zum Islam gehört, treffen wir nicht nur auf einen heiligen Felsen, sondern wir treffen auch auf einen Berg und eine Höhle. Natürlich heißt der Tempelberg in Jerusalem **Moriah**, was mit Maria sprachverwandt ist und natürlich befindet sich unter dem **oktagonalen Felsendom** die **Höhle Maghara**, wo sich der Legende nach der **Brunnen der Seelen** befindet. Dort sollen sich der Überlieferung nach die **Seelen der Verstorbenen** zweimal in der Woche versammeln. Der Felsen, auf dem der Felsendom steht, gilt bis heute nicht als Moschee, sondern als **Qubba**, als **Kuppel**.

Enge Verbindung hat der Tempelberg in Jerusalem zum Muschelweg über die Templer, die dort überall ihre Spuren hinterlassen haben. Erinnert sei an die sternenförmige, natürlich der Maria geweihte Kirche **Santa María de Eunate**, die aufgrund ihres oktogonalen Grundrisses und der daraus resultierenden architektonischen Ähnlichkeit mit der Kirche auf dem Tempelberg in Jerusalem, mit den Templern in Verbindung gebracht wird.

In Verbindung mit dem Muschelweg ist aber noch interessant, dass die seit dem Paläolithikum bekannte Grabbeigabe von Muscheln und Schnecken im Rahmen der Religion der Kosmischen Mutter, auch noch bei Gräbern in Verbindung mit dem Pilgerweg gefunden wurden. So konnten ausgerechnet bei der Kirche Santa María de Eunate Gräber mit Muscheln als Grabbeilage entdeckt werden. **Im Baskischen bedeutet Eunate hundert Tore**. Die Verbindung zwischen der Vulva als dem Tor zu neuem Leben und dem Namen Eunate in Verbindung mit dem Marienkult und dem Muschelkult als Grabbeilage zeigt an, dass das Wissen um den Wiedergeburtsglauben der Kosmischen Mutter, der uralten Tod-in-Leben-wandlerin, damals noch nicht völlig vergessen gewesen sein kann.

Gott die MUTTER in der okta-gonalen, den Templern zugeschrieb-enen Kirche Santa María de Eunate. Camino Francés, Spanien

Die Vulva der Frau steht für den Lustgarten der Frau, aber gleichzeitig auch für den Ursprung der Welt, dass heißt für den Ort der Schöpfung. Und so ist es kein Wunder, dass Gustave Courbet sein berühmtes Gemälde von 1866 „**Ursprung der Welt**" genannt hat.

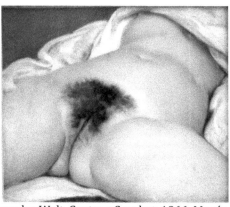

Der Ursprung der Welt, Gustave Courbet, 1866, Musée d´Orsay, Paris
Wikimedia Commons; User: Bidragsyter

Dieser Moment des Ursprungs der Welt, die Geburt der Welt, des Kosmos, der Schöpfung, aber auch die Geburt des einzelnen Menschen ist immer ein erhabener, ein ehrfurchtserregender, ein heiliger Moment, wie er seit Menschengedenken erfahren wird. Eve Ensler hat diesen erhabenen heiligen und überwältigenden Prozess der Geburt neuen Lebens in beeindruckenden sprachlichen Bildern bei der Geburt ihres Enkelkindes durch Shiva, die Frau ihres Sohnes anschaulich festgehalten:

„Ich bin mit dabei gewesen
als sich ihre Vagina verwandelte
von einer bescheidenen geschlechtlichen Öffnung
in einen archäologischen Schacht
in ein heiliges Gefäß

in einen Venezianischen Kanal
in einen tiefen Brunnen
worin ein winziges Kindchen steckte
und auf seine Befreiung wartete
Ensler, Eve; 2000, S. 102

Die Muschel als Bauchmutter des Meeres

Bis heute können wir - wie wir gesehen haben - eine religiöse Verbindung zwischen den Höhlen, den Muscheln, der Vulva, der Vagina, den Mandeln, den Rosen und den Schlupfsteinen immer im weiblich-mütterlichen Kontext erkennen. Das Gleiche gilt auch für die Kammmuscheln, die ebenfalls als Grabbeilagen schon im Paläolithikum gefunden wurden. Die Kammmuscheln gehören zur Gattung der **Pecten** und geben neben der Vulvaspaltensymbolik im geöffneten Zustand zusätzlich noch den Bauchaspekt der Mutter wieder. Daher gelten diese Muscheln auch als die Bauchmutter des Meeres. Im Französischen haben wir die enge Verbindung zwischen dem Meer als "**la mer**" und der Mutter „**la mère**" auch noch sprachlich erhalten, und so wird es ganz deutlich, dass die Muschel als Bauchmutter des Meeres niemals ein natürliches Symbol des Mannes sein kann.

Die Mittelmeerpilgermuschel oder Wallfahrtsmuschel als die Bauchmutter des Meeres

Die aus dem Meeresschaum geborene Göttin Aphrodite stammt aus Zypern, genau aus **A-Mari** oder **Ay-Mari**, weshalb sie auch den Beinamen **Aphrodite Mari** trägt. (Walker, Barbara; 1993, Stichwort, Mari). Die Göttin Aphrodite ist daher auch immer eng assoziiert mit der Muschel, der Bauchmutter des Meeres. Aphrodite wurde nicht nur in Zypern, sondern in ganz Kleinasien sehr verehrt. In Aphrodisias, in der Türkei, circa 150 Kilometer entfernt von Ephesos, wo eine ganze Stadt nach ihr benannt wurde, finden wir Steinfiguren von der Göttin mit kosmischen Attributen, wie dem Stern und dem Horn von Frau Mond, was die Aphrodite in die Kosmische Religion von Gott der MUTTER einreiht. Und die Muschel selbst ebenfalls noch auf dem Tempelgelände.

Aphrodite-Mari mit sechszackigem Stern und Mondsichel als Kosmische Mutter des Universums in der ihr geweihten Stadt Aphrodisias auf dem türkischen Festland in der Provinz Aydin am Fuße des Berges Babadag. Der Berg Babadag ist eine auffallende Landschaftsahnin, die im Winter schneebedeckt ist und bis weit in den Sommer aufgrund des schmelzenden Schnees ungewöhnliche weiße Markierungen aufweist. Rechts auf dem Gelände der Tempelstadt die typische Muschel der aus dem Meeresschaum geborenen Aphrodite.

Aphrodite-Mari aus ihrer Tempelstadt Aphrodisias in ihren verschiedenen Aspekten der Kosmischen Mutter. Im obersten Bereich in
ihrem mütterlichen Gebäraspekt mit der Gebärhaltung der gespreizten Beine (a), dann in der Trinität der Kosmischen Mutter (b), im
nächsten Abschnitt links als Frau Mond und rechts als Frau Sonne (c),
dann mit der himmlischen Meeres-Ziege, als Symbol für den Doppel-
stern Delta Capricorni im Sternbild Steinbock (d) und schließlich in
ihrer freien Sexualität, der freien female choice, verkörpert durch drei
Figuren des Eros, Statue aus dem 2. Jhd.v.u.Z., Aphrodisias, Türkei
(leider auf dem Foto nur undeutlich zu erkennen)

Dass, die seit dem Paläolithikum bekannte Gott die MUTTER nicht nur als Fruchtbarkeitssymbol, und Kosmische Mutter sondern auch als Tod-in-Lebenwandlerin bekannt war, sehen wir ebenfalls in Zypern, denn dort wurde eine Figur gefunden, die ein Kind im Arm hält, aber gleichzeitig durch den Vogelkopf den typischen Seelenvogelaspekt anzeigt. Heute steht diese Mutter mit dem Leben-Tod-Doppelaspekt in Paris im Louvre. Eine weitere bekannte Darstellung dieser Kosmischen Mutter mit ihrem Lebens- und Todesaspekt finden wir auch in Ägypten, bezeichnenderweise in **Ma-Marija**. Sie stammt aus der Naqada-II-Zeit um 3500 v.u.Z.. Und wir sehen: Gott die MUTTER mit erhobenen Händen und **Vogelkopf** als Todesaspekt. Sehr interessant ist in diesem Zusammenhang der Name des Fundorts. Mit der Silbe **Ma** erweist sich dieser Ort nicht nur als eindeutiger Mutterort, sondern wir finden hier in Ägypten zu diesem Zeitpunkt ebenfalls schon den Namen der **Marija**.

Die Kosmische Mutter in ihrem Lebens- und Todesaspekt mit Vogelkopf aus Ma-Marija in Ägypten (Prädynastische Periode, Naqada II a; 3500-3400 v.u.Z., The Brooklyn Museum of Art). Der Ort Ma-Marija zeigt im Ortsnamen die doppelte Muttersilbe Ma an, wie wir es auch noch in Mama für die Mutter verwenden, aber sie zeigt ebenfalls bereits den Namen Marija für Gott die MUTTER an.

Interessant ist, dass wir in Zypern ebenfalls auf die Kosmische Mutter in ihrem lebensnährenden Aspekt, aber mit dem Vogelkopf auch auf ihren Todesaspekt stoßen; Louvre, Paris. Aus Zypern, genau aus **A-Mari** oder **Ay-Mari** stammt auch die aus dem Meer geborene Göttin Aphrodite, die deshalb auch den Beinamen **Aphrodite Mari** trägt. (Walker, Barbara; 1993, Stichwort, Mari). Die Göttin Aphrodite ist daher auch immer eng assoziiert mit der Muschel, der Bauchmutter des Meeres.

Bedeutung hat dieser Vogelkopf auch für den Jacobsweg. Treffen wir doch dort in der paläolithischen Höhle von Lascaux, im Department Périgord–Dordogne, unweit von Perigueux, das am heutigen Jacobsweg liegt, bereits auf den Vogelkopf. Und in dem paläolithischen Forschungs-zentrum dort auf den Namen Thot, der von dem späteren ägyptischen Totengott Thot abgeleitet ist. Nur, dass der ägyptische Gott Thot erstmals im Alten Reich erwähnt wird, also erst 2500 v.u.Z., während die Ma-Marija aus der prädynastischen Periode stammt, also 1000 Jahre älter ist. Im Kapitel „Höhlen als Kathedralen der Stein-zeit", werden wir uns noch eingehender mit dem Vogel-kopfaspekt befassen.

Noch der Maler Botticelli wusste um die eigentliche Zu-gehörigkeit der Muschel zur Frau und malte die römi-sche Venus, die der griechischen schaumgeborenen Aph-rodite entspricht, in der Muschel. Die Gestalter von Schloss Versailles bei Paris ordneten dieselbe Muschel wiederum der Göttin Diana zu.

Die Venus von Botticelli in der Muschel, die der griechischen Göttin Aphrodite entspricht (Ufficien, Florenz, Italien; Wikimedia Commons, User Dcoetzee) und die Muschel als Symbol der Göttin Diana im Bosquet des Dômes im Park von Versailles, Frankreich

Heute wird die Mittelmeerkammmuschel allgemein als **Pectin jacobaeus**, als **Mittelmeerpilgermuschel** bezeichnet und ist damit, wie der Fels beim Apostel Petrus zu einem patriarchal-männlich missbrauchten Symbol geworden, denn der Jacobsweg steht ja vor allem für die **Reconquista im Mittelalter,** weshalb der katholische „Heilige" Jacobus nicht umsonst den Beinamen **Matamo-**

ros, Maurentöter hat. Die Muschel, das Tor zur Welt ist damit zu einem Kriegssymbol geworden. Und es ist höchste Zeit, die Muschel aus dieser patriarchalen Überlagerung wieder zu befreien. Eine Wallfahrt entlang des Muschelwegs ist eine wunderbare Gelegenheit dazu.

Wallfahrtsmeditation über das Muschelland

Am Anfang war Gott die MUTTER. Aus den Fluten des Meeres erhob sie ihren schwangeren Bauch und formte die Erde als rundes Abbild ihres Bauches. Über ihren Bauch formte sie den Himmel, der des Tags von der Sonne und des Nachts von Frau Mond und den Sternen erleuchtet wurde. So entstand die Kosmische Mutter des Universums, die auch die Mutter der Pflanzen, der Tiere und der Menschen wurde. Da der Kosmos so schön war, feierten die Menschen die Kosmische Mutter mit ekstatischen Tänzen und sexuellen Orgasmen der Lust und der Lebensfreude in den Hainen der Göttin, auf den Frauenbergen und Hügeln, die sich wie die Rundungen einer Frau in der Landschaft gebildet hatten. An den sprudelnden Quellen und den in Schlangenlinien mäandernden Flüssen und Bächen, brachten sie der Kosmischen Mutter Geschenke dar, um das Geschenk des Lebens selbst zu ehren. In den pechschwarzen Höhlen der Erdbauchmutter, die sie durch die vulvaförmigen Höhleneingänge betraten, legten sie ihre Toten vertrauensvoll in den Schoss der Erdmutter, denn sie kannten sie als die Gute Frau Tod, die die Körper ihrer Kinder zu sich nahm, um sie zu gegebener Zeit wiederzugebären, so wie es der tägliche Kreislauf von Frau Sonne, der monatliche Kreislauf von Frau Mond und der jährliche Jahreszeitenkreislauf ihnen verlässlich anzeigte. Muscheln, die Bauchmütter des Meeres, Schnecken mit ihren Spiralen des Lebens und ihren Vulvaöffnungen wurden den Toten beigelegt, auf dass sie nach der Fahrt auf der Mondbarke durch die Nachtschwärze der Erdbauchmutter wieder zurück ins Leben finden würden. Aus diesem Verständnis des Kosmos entstand die Idee des Heiligen Landes, über das die Menschen singend ihre Wege zogen, so dass sie im Laufe der Jahrtausende zu Wallfahrtswegen wurden, die alle den Zweck hatten, die Kosmische Mutter zu heiligen. An die Wallfahrtswege legten sie als Symbol die Muschel als Bauchmutter des Meeres, als Erinnerung daran, dass Gott die MUTTER aus dem Meer gekommen war. Und so wurde das Heilige Land der Kosmischen Mutter zum Muschelland. **Überall ist Muschelland, aber Muschelland ist nicht Jacobs Land.**

Der Ursprung von Wallfahrten

Den größten Zeitraum der Menschheitsgeschichte lebten Menschen als WildbeuterInnen, das heißt, sie zogen durch die Landschaft. Erst vor etwa 12 000 Jahren wurden die Menschen nach großen Klimaveränderungen, die sie zwangen ihre Wirtschaftsweise zu verändern, sesshaft. Hier wird der Beginn des Neolithikums, der Jungsteinzeit, angesetzt. In vielen Gegenden entwickelten sich die Sesshaftigkeit und die produzierende Lebensweise der Landwirtschaft aber erst viel später. Gerade das Gebiet des **Camino Francés** zwischen Baskenland und Galicien gehört zu den Gegenden in Europa, wo die Landwirtschaft erst sehr spät Fuß fasste. Das heißt, dass hier die Menschen besonders lang als WildbeuterInnen lebten und das alte Wissen des Paläolithikums, der Altsteinzeit folglich noch lange bewahrten.

Wallfahrtswege als Erbe der Altsteinzeit
Im Gedächtnis der Menschheit sind die alten Wege des Paläolithikums eingegraben, aber gerade die westlichen, christianisierten Kulturen haben die Erinnerung an die uralten Landschaftswege verschüttet. Für die Aborigines in Australien ist das Landschaftswegewissen in ihren mit Musik und Tanz spirituell überlieferten Traumpfaden bis heute in der Erinnerung erhalten. Wie für viele andere, mit der Natur nach wie vor verbundenen Völker, ist für sie die Erde Heiliges Land. Dieses Wissen ist das Vermächtnis der Traumzeit. Anna Voigt und Nevill Drury schreiben darüber:

„Das Land ist für alle Aborigines heilig, der Ursprung aller Lebensformen und das Herzland allen Seins. In den wiederkehrenden Zyklen von Geburt, Leben, Tod und Wiedergeburt ... ernährt, kleidet und behütet Mutter Erde alle Lebewesen ... Das Land, das waren nicht nur Hügel oder Bäche oder Bäume ... Es war wirklich, unser Kuuti, die Kraft, die uns Leben gibt ... Durch ihre Auffassung von der heiligen Erde als Schöpferin und Nährmutter aller Arten und von der **Verflechtung aller lebendigen Formen**, haben die Aborigines eine besondere Beziehung zu ihrer Region ... Deshalb bringen die Aborigines traditionell nicht nur der ganzen Erde Ehrfurcht entgegen, sondern auch dem jeweiligen Land, in dem man „geträumt", d.h. aus dem **Ahnengeist** empfangen wurde -, meist an einem **heiligen Wasserloch, an dem die Geister auf die Wiedergeburt warten**". (Voigt Anna, Drury, Nevill; 1998, S 59).*

Ein paar Seiten später konkretisieren die AutorInnen die Liebe der Aborigines zur Natur:

„Aborigines lieben die Erde im wahrsten Sinn des Wortes, wir sitzen oder liegen am Boden mit dem Empfinden, einer mütterlichen Kraft nahe zu sein ... Es ist gut für die Haut, die Erde zu berühren, mit bloßen Füßen auf der heiligen Erde zu wandern. ... Der Boden ist besänftigend, stärkend, reinigend und heilend. ... Nur durch unsere spirituelle Verbindung zur Erde können wir unsere Identität bewahren. Deshalb begreifen wir uns selbst in Kategorien des Landes". (ebenda S. 66).*

Dann kommen die AutorInnen auf die Pilgerreisen der Aborigines zu ihren heiligen Stätten zu sprechen, die im Englischen „**Walkabouts**" genannt werden.

„Die Aborigines unternahmen seit jeher Pilgerreisen an ihre heiligen Stätten, um Zeremonien abzuhalten ... Die Aborigines waren nie ziellose Wanderer, noch sind sie Nomaden im eigentlichen Sinn. Ihre Pilgerreisen waren oft beschwerliche Märsche über hunderte Kilometer und nicht „ziellos", sondern folgten immer vorgegebenen Pfaden durch das Land. Diese Pfade sind die ursprünglichen Traumpfade oder Songlines, die von den Ahnenwesen aufgezeichnet und von den Aborigines – soweit möglich – über tausende Jahre nachverfolgt wurden. **Die Pilgerreisen oder „Walkabouts" spiegeln die ewigen Bewegungen von Sonne, Mond und Sternen**". *(ebenda, S. 769.*

Die AutorInnen beschreiben in ihrem Buch aber auch die Zerstörung großer Teile dieses Wissens:

„Das in die Traumzeit-Mythologie integrierte Wissen wurde über unzählige Generationen mündlich weitergegeben – in Form von Liedern, Tänzen ... sakralen Gegenständen. Erst in der kurzen Zeit der letzten 200 Jahre wurde diese lebendige Mythologie durch die Ignoranz und die brutalen Praktiken der englischen Kolonialisten und Viehzüchter, durch die politisch sanktionierten multinationalen Gesellschaften und das Aussterben der Ältesten, die noch auf traditionelle Weise aufwuchsen, bruchstückhaft". (ebenda, S. 72).

In Europa ist diese Zerstörung des Alten Wissens, die mit der Inquisition im Mittelalter ihren Höhepunkt fand, noch viel größer, und trotzdem ist das Wissen über die uralte Sakrallandschaft in ganz ähnlicher Form, in vielen Puzzlesteinen vorhanden und kann auch bei uns wieder sichtbar gemacht werden. Wichtig ist dieses Sichtbarmachen, denn gefangen in einem westlich-christlichen Denken, leben wir ohne unsere Wurzeln, ohne den längsten Teil unserer Geschichte. Schließlich drang das Christentum in weite Teile Europas erst zwischen dem 6. und dem 8. Jahrhundert n.u.Z. vor. Die Zeit des patriarchalen Monotheismus ist also menschengeschichtlich gesehen nur ein Atemzug, und so stellt sich die Frage, gerade auch für Europa: Was war davor? Und tatsächlich kennen wir auch in Europa die Landschaft als Körper der mütterlichen Gottheit.

Die Landschaft als Körper von Gott der MUTTER

Bis heute beschreiben wir unsere Landschaft mit körperlichen Begriffen. Wir sprechen von Bergrücken, Bergfuß, Bergkopf oder von Flussarm und Meerbusen. Gleichzeitig hat sich bis heute das Verständnis von Mutter Erde, von Mutterboden erhalten. Wenn die Erde aber weltweit eine Mutter ist, dann muss es sich bei den landschaftlich-körperlichen Begriffsbeschreibungen um die Beschreibung des mütterlichen Körpers handeln, der ursprünglich als heilig empfunden wurde. Wann und wie entwickelten sich also die Anfänge von Religion? Was wurde ursprünglich als heiliger Ort wahrgenommen? Paul Devreux schreibt hierzu:

„Die ersten heiligen Orte waren Orte in der Natur. Es war die Erde selbst, die diese ursprünglichen Plätze darbot, an denen sich die Empfindung von Heiligkeit verdichtete. Welches Monument, welche Kultstätte auch immer sich an einem solchen Ort später entwickelt haben mag – alle Gesellschaften wählten zunächst spezifische Naturplätze als ihre besonderen Orte". (S. 44).

Die Menschen sahen aber nicht nur in der Erde die Mutter, sondern sie gingen von einem gesamtmütterlichen Kosmos aus, weswegen wir von Gott der MUTTER als Kosmischer Mutter des Universums sprechen können. Als heilig verehrt wird sie in ihren Erdbauchhöhlen, ihren Bergen, ihren Quellen, ihren Flüssen, ihren Teichen, ihren alten Bäumen, ihren Steinen, ihren Felsen und dem Meer. Sie ist aber auch die Mutter der Menschen, die Mutter der Tiere, die Mutter der Heilung und der Regeneration, und besonders tröstlich und wichtig die Mutter des Guten Todes, die Tod-in-Leben-Wandlerin. Diese Wandlung, die die Menschen in drei Hauptlebenszyklen erfahren, bezieht den gesamten Kosmos mit ein:

- Die tägliche Wiedergeburt der Sonne
- Die monatliche Wiedergeburt von Frau Mond
- Die jährliche Wiedergeburt der Jahreszeiten
(aus Armbruster, Kirsten; 2013, S.32/33)

Auch bei uns sind die ewigen Bewegungen von Frau Sonne, Frau Mond und den Sternen in den Wallfahrten und Pilgerreisen miteinbezogen und gerade auf dem Muschelweg, der am Meer am westlichsten Ende Europas endet, wird eigentlich, und vor allem dieser kosmische Zusammenhang verehrt. Auch die Idee eines Ahn-Innenngeistes an einem Wasserloch, wie er bei den Aborigines beschrieben wurde, war in Europa einst weit verbreitet. Und natürlich finden wir diesen Kult auch am Muschelweg. So beschreiben Derungs stellvertretend für viele andere solcher landschaftsmythologischen Überlieferungen eine Brunnenlegende aus der romanischen Kirche St. Kunibert in Köln, wobei **Köln** heute Teil des **deutschen Muschelwegs** ist:

Die ursprüngliche Bedeutung von Anna-Orten

„Mit dem Brunnen in Köln ist die Vorstellung der Kinderherkunft verbunden. Dass die Kinderseelen aus dem Wasser, von einem Baum oder Stein geholt werden, war einmal üblicher Brauch. In Köln hütet Maria auf dem Grund des Kunibertbrunnens die ungeborenen Kinder, bis eine Frau kommt und vom Brunnenwasser in einer Vollmondnacht trinkt. Dann weiß Maria, dass sich diese ein Kind wünscht. Sie sucht ihr eines aus der großen Schar aus und bereitet es auf sein Erdenleben vor. Neun Monate später kann die Frau es sich dann abholen. Dahinter steckt eine alte Wiedergeburtsmythologie, denn man glaubte, dass eine verstorbene Person in der Natur bei einem Seelensitz weiterlebe, sei dieser ein Stein, eine Quelle oder ein heiliger Baum. Solche Ahnenstätten werden dann zu Kultplätzen. Gleichzeitig traten die Frauen der Sippen mit diesen Seelenorten in körperlichen Kontakt, indem sie auf einem Stein rutschten oder im Wasser badeten. Oft genügte es davon zu trinken. Dadurch nahm die Frau die Kinder- und Ahnenseele spirituell auf und führte die verstorbene Person ins Leben zurück. So schloss sich der Kreislauf von Tod und Geburt. Dieser Zyklus lag in den Händen einer Leben-im-Tod-Göttin. Bei ihrer Stätte, die oft die Form eines weiblichen Schoßes aufweist, weilten die Ahnenseelen im Jenseitsparadies". (Derungs, Kurt und Isabelle M.; 2006, S. 202).

Das Kultverständnis einer aus dem Wasser empfangenen Ahnenseele, ist also auch in Europa bekannt und folgt man den **Annaorten**, den **Wasser-AhnInnenorten,** an denen Frauen dem früheren Verständnis nach aseitätisch-parthenogenetisch, ohne das Zutun eines Mannes, ihre Kinder empfingen, so erkennt man bis heute in der

Landschaft, wie weit verbreitet dieser Glaube tatsächlich war. Denn die christlich tradierte Anna, als Mutter Marias hat keinen biblischen Ursprung, sondern geht soziohistorisch auf die Zeit der unilinear-matrilinearen Abstammung und religionshistorisch auf die seit dem Paläolithikum bekannte aseitätische Gott die MUTTER zurück. (Armbruster, Kirsten; 2013, S. 18/19).

Der Kult der Anna

Anna zählt zu den altbekannten Wurzelsilben, den sogenannten Mutterwurzelsilben der Steinzeit und steht im Zusammenhang mit der unilinearen matrilinearen Ahn-Innenabstammung, die auf die aseitätische-parthenogenetische Gott die MUTTER zurückgeht. Ahninnenorte sind daher oft Wasserorte, weshalb Anna als Wassersilbe bezeichnet wird und oft in Flussnamen vorkommt. Die matrilineare Abstammung für die die Anna steht, wird von den Christen, patriarchal okkupiert, oft in der Figur der Anna-Selbdritt wiedergegeben, welche die Anna, die Maria und Jesus zeigt, die enge Mutter-Tochter-Beziehung, und das Männliche geborgen in der mütterlichen Abstammungslinie. Tatsächlich tradiert die Figur der Anna nicht nur die matrilineare Abstammungslinie, sondern auch die ursprüngliche freie und wechselnde Sexualwahl der female choice, denn der Anna werden drei Männer zugewiesen. Christlich verbrämt sind es natürlich Ehemänner, die sie jeweils nach dem Tod des vorherigen Ehemanns ehelicht. Die Legende erzählt, dass Anna nach Joachims Tod noch zweimal verheiratet gewesen sein soll, weshalb im Mittelalter oft Bilder der heiligen Sippe dargestellt wurden, die Anna mit ihren drei Ehemännern und mit den drei Töchtern, den drei Marien, zeigt. (Löffler, Katrin; 2010, S. 35).

Einen bis heute überlieferten Wasser-AhnInnenort finden wir auch an der Westküste Nordspaniens am bestbesuchten Strand **Galiciens**, dem **Praia A Lanzada** in der Meeresbucht, wo der Steinsarg des Apostels Jacob angeblich den Fluss Ulla in Richtung Santiago de Compostela hinauftrieb. Über den berühmten Strand schreibt der Dumont Reiseführer:

*„Dabei war und ist er (der Strand) nicht nur tagsüber interessant. An Mitternacht zum Sonntag – bei Vollmond und nur in Monaten ohne „r" – haben Galicierinnen früher versucht, hier schwanger zu werden. Dazu hockten sie sich in das Wasser und warteten neun Wogen ab, bevor sie sich wieder abtrockneten. Als besonders geeigneter Termin galt die Mitternacht zum **Johannistag (am 24.Juni)**. Mag der Brauch auch heidnischen Ursprungs sein, in der **Kapelle Santa María de Lanzada** am östlichen Ende des Strands findet am letzten Sonntag im August heute noch immer die „**Wallfahrt der neun Wogen**" statt. Und es heißt, selbst Managerinnen aus Vigo und Santiago seien erst kürzlich nachts beim „Baden" gesehen worden…".* (Büscher, Tobias, 2010, S, 227/231).

Eine besonders schöne Figur der Anna Selbdritt finden wir im **Kloster Santa María de Santa Cruz** in der Nähe von **Jaca**, einem der ersten Orte des Camino Francés in der Nähe der Pyrenäen in Navarra.

Die Figur der Anna-
Selbdritt und der
Brunnen vor der Klos-
terkirche Santa María
de Santa Cruz auf dem
Weg zum Felsenkloster
nach San Juan de la
Peña in der Nähe von
Jaca am Camino Fran-
cés, Spanien

In der Klosterkirche ist neben einer Marienfigur aus Ala-
baster, am Außenportal, eine interessante Inschrift an-
gebracht. In lateinischer Sprache steht dort geschrieben:

„Ich bin die einfache **Tür**, *Gläubige.* **Tretet ein durch**
mich*. Ich bin die* **Quelle des Lebens**, *habt mehr Durst*
nach mir als nach **Wein**, *alle die ihr in diesen* **seligen**
Tempel der Jungfrau *tretet“.*

Ganz deutlich finden wir hier die Alte Religion von Gott
der MUTTER wieder. Die Vulva als Tor zu neuem Leben
und damit die Quelle des Lebens, die auch immer mit
Wasser verbunden ist. Und natürlich finden wir vor der
Klosterkirche einen Brunnen, einen alten AhnInnen-
brunnen. Der Verweis auf die Jungfrau in dieser Inschrift
ist immer der Hinweis auf die parthenogenetisch-
matrilineare Abstammung und der Hinweis auf den
Wein, ist, wie wir gleich erkennen werden, nur eine Me-
tapher für den eigentlichen Ursprung. Bezeichnenderweise befindet sich dieses Kloster nämlich in der Nähe
des berühmten in den Fels gebauten alten Klosters **San**
Juan de la Peña. Dieses Kloster ist dem **Apostel Johan-**
nes geweiht, der die vermännlichte Form der Anna ist,
denn nicht zufällig steht der **Anna-Ahninnenkult** in
Verbindung mit der **Sommersonnenwende**. Ebenfalls
nicht zufällig fällt heute ausgerechnet der **Johannistag**
auf die Sommersonnenwende und das sonnengelbe **Jo-**
hanniskraut, das einen rötlichen Farbton enthält, wird
plötzlich zum **Herrgottsblut**. Tatsächlich haben wir auch
hier eine typische patriarchale Überlagerung. Der seit
dem Paläolithikum bekannte Sonnenkult der Kosmischen MUTTER, der zur Sommersonnenwende und zur
Wintersonnenwende gefeiert wird, ist ein matrilinearer

Ahninnenkult und unterscheidet sich eklatant vom späteren patriarchalen Sonnen- und Feuerkult der Indoeuropäer. Das Johanniskraut, das Sonnenkraut, das zur Sommersonnenwende blüht, gibt einerseits das Goldgelb der Sonne wieder, andererseits steht der rote Saft des Johanniskrauts für das einst heilige Menstruationsblut der Frauen, das Voraussetzung ist, um AhnInnen an einem Wasserort zu empfangen. Deshalb ist es auch kein Zufall, dass in dem Kloster **San Juan de la Peña** einst der **Heilige Gral**, der **Kelch** und der **Kessel** des Lebens, welcher ursprünglich der **Bauch der Mutter** war, aufbewahrt wurde. Diese besonders berühmte Reliquie zu der die Menschen pilgerten, wird, heute allerdings nicht mehr hier, sondern in der Kathedrale von Valencia, an der Südostküste Spaniens aufbewahrt. (Büscher, Tobias, 2010; S. 87). Die Christen haben aus dem Bauch der Mutter den Abendmahlkelch gemacht und aus dem einst Heiligen Menstruationsblut der Frauen das Blut von Jesus, was in der Wandlungsfeier der Eucharistie durch roten Wein imitiert wird. Die Inschrift am **Kloster Santa María de Santa Cruz** ist also eine verschlüsselte Botschaft und bedeutet decodiert, dass die Menschen ursprünglich Gott die MUTTER als aseitätische-parthenogenetische Schöpferin des Lebens kannten. Sie war die Quelle des Lebens. In ihrem Bauch, der durch den Kessel oder Kelch symbolisiert wird, geschah die heilige Wandlung des bei der Schwangerschaft ausbleibenden Menstruationsblutes in neues Leben. Die Vulva war das Tor durch welches das neue Leben geboren wurde. Der Abendmahlkelch des Patriarchats ist nur eine Imitation dieses mütterlichen Lebenswandelprozesses, nur leider eine blutige: denn während dem Menstruationsblut kein Tötungsdelikt zugrunde liegt, musste Jesus getötet werden. Tatsächlich ist die Suche nach dem heiligen Gral oder auch die Eucharistie im Abendmahlkelch immer der künstliche Versuch von Männern den Müttern gleich zu werden.

Die Mutterwurzelsilbe KALL

Berge, Quellen, Bäume und insbesondere Höhlen sind seit Menschengedenken heilige Stätten und damit Ziel von Wallfahrten. Nähern wir uns dem Begriff Wallfahrt nun einmal aus der Sicht der **Paläolinguistik**. Richard Fester hat bei seinen diesbezüglichen Forschungen schon 1980 das sogenannte **KALL-Schema** entdeckt, zu dem auch das Wort **WALL-fahrt** gehört. Monika Löffelmann hat dies aufgegriffen und schreibt dazu:

„Anhand der Sprachentwicklung weist die Paläolinguistik-Forschung den engen Sinnzusammenhang zwischen **Höhle – Frau – Kult***, enthalten in dem* **Ur-Wortstamm KALL** *nach: „Als Sinngehalte bieten sich zwei an,* **KALL für Frau** *und* **KALL für Höhle**"*. Diesen Ur-Wortstamm trägt auch das lateinische Wort* **COL-ere** *in sich. Hier verweist der Paläolinguist auf die Bedeutung des Wortes aushöhlen auf der einen und pflegen auf der anderen Seite: ..."und daher stammen unsere heutigen Begriffe und Wörter* **„KULTUR"** *und ...* **„KULT"***. Hier sind also in der Doppelbedeutung des Wortes COL-ere* **„Höhle"** *und* **„Kult"** *einander unmittelbar benachbart". (Löffelmann, Monika; 1997, S. 19).*

Daraus lässt sich schlussfolgern, dass Wallfahrten der vom Patriarchat unterschlagenen **weiblichen Kultur**, genauer gesagt der **mütterlichen Kultur** entstammen, und schauen wir uns die Wallfahrten genauer an, so hat sich das bis heute nicht geändert. Die weltweit größte katholische Wallfahrt ist die zur Schwarzen **Madonna**

von Guadalupe in Mexiko, wobei, wie Derungs etymologisch abgeleitet haben, es sich bei der Schwarzen Madonna von Guadalupe ursprünglich um die alte Landschaftsgöttin **Tonantzin-Coatlicue** handelt, deren Kopf sich im Hügel **Cerro Tonantzin** zeigt. (Derungs, Kurt und Isabelle M.; 2006, S. 13-16). Auch die bekannteste Wallfahrt der Moslems zur schwarzen **Kaaba nach Mekka** war in vorislamischen Zeiten der dreifachen Göttin **Allat, Menat und Aluzza** geweiht. Da dieser Kult der Zeit der Heiligen Steine aus der Religion von Gott der MUTTER entstammt, ist es nicht weiter verwunderlich, dass bis heute der schwarze heilige Stein in Mekka in einer vulvaförmigen Silbereinfassung zu sehen ist. (Sanyal, Mithu M.; 2009, S. 37). Die älteste Wallfahrt in Bayern ist die zum Quellheiligtum der **Schwarzen Madonna von Altötting**, wobei wir hier vor Ort auch heute noch auf den Ahninnengeist der Anna treffen (mehr dazu in Armbruster, Kirsten, 2013, S. 37-40). Die größte Wallfahrt Spaniens ist auch nicht die nach Santiago de Compostela, sondern die **Pfingstwallfahrt zur Blanca Paloma** (Maienwallfahrt) nach **El Rocío** in der Provinz Huelva in Andalusien, die innerhalb von 14 Tagen eine Million PilgerInnen anzieht (persönliche Mitteilung Claudia Mayr). Rocío bedeutet einerseits **Morgentau**, enthält aber auch den Wortteil Roc in der Bedeutung Fels und Gestein und geht somit ebenfalls auf den seit der Steinzeit, der Zeit der Heiligen Steine bekannten Kult von Gott der MUTTER als Kosmischer Mutter des Universums zurück. Erinnert sei auch an die Wallfahrt zum **Höhlenheiligtum der Schwarzen Madonna von Rocamadour** in Lot in Frankreich. Ein weiteres berühmtes Beispiel für eine Wallfahrt im mütterlichen Kontext ist die ebenfalls im Mai stattfindende **Wallfahrt der ZigeunerInnen nach Saintes-Maries-de-la-Mer** in der **Ca-**

margue. In Frankreich können wir aber auch an die be-rühmten **Wallfahrten zur Madonna von Lourdes**, zu den **Schwarzen Madonnen von Le Puys-en-Velay** oder auch zur **Schwarzen Madonna von Chartres** denken. Ebenso bekannt sind die **Wallfahrten zur Fatima in Portugal**, zu den **Schwarzen Madonnen nach Loreto in Italien**, nach **Tschenstochau in Polen**, nach **Mariazell in Österreich** und nach **Einsiedeln in der Schweiz**.

Warum die Wallfahrt der mütterlichen Kultur zuzuord-nen ist, erkennen wir noch deutlicher, wenn wir uns noch einmal der Paläolinguistik zuwenden. In dem Kapi-tel „Wallfahrt und Brauch" ergänzt Monika Löffelmann die Forschungen zur Paläolinguistik folgendermaßen:

„In Zusammenhang mit der Kulthöhle wurde auf diesen Forschungsbereich bereits eingegangen. Auf das **Ur-Wort KALL** *wurden dabei die Wortinhalte für „Frau", „Höhle", „Gefäß" oder auch „rund" zurückgeführt. Interessanter-weise hat sich dieses Ur-Wort bis heute im Begriff* **„WALL-Fahrt"** *erhalten, gar nicht so verkehrt, wie bei näherem Hinsehen deutlich wird: Wallfahrten schließlich führten und führen bis heute bevorzugt zu Höhlen-/Grotten-Quellheiligtümern". (ebenda, S. 83).*

Richard Fester, der Entdecker des **KALL-Schemas** bringt es auf den Punkt, wenn er schreibt, dass „die WALLfahrt noch heute so und nicht anders heißt, weil sie auf die steinzeitlichen Kulthandlungen in Höhlen zurückgeht". (Fester, Richard; König, Marie E.P., Jonas, Doris F. und A. David, 1980, S. 101).

Die steinzeitliche Wurzelsilbe Kall:

Richard Fester hat schon 1980, als die Landschaftsmythologie noch in den Kinderschuhen steckte, erkannt, dass der Ursilbe KALL ein weitreichendes kosmisches mütterliches Verständnis zugrunde liegt. Fester schreibt: „**KALL** ist jede Vertiefung, jeder Hohlraum, jede Wölbung, jeder enge Durchlass, ist Schale, Kehle, Höhle, Wohnstatt, Kulthöhle, Quell und das Tal wie der Pass, der die Höhe überwindet. Vor allem aber der mütterliche Leib, die Geburt, das Kind, die Sippe, der Clan, das Volk, Tiere und Fruchtbarkeit, **Schnecken und Muscheln**, die ihre Wohnhöhle mit sich tragen, Pflanzen und Bäume, die hohl sind oder hohle Früchte haben oder sich zum Aushöhlen für Bütten und Boote eignen. KALL ist auch Niederung, Senke, Meer, Mündung, Flussbett, See, aber auch Zugang und Weg" .... "Selbstverständlich ist es ohne Belang, ob KALL-Beispiele je nach Sprache mit C oder G oder K wiedergegeben werden. Ferner sei nochmals betont, dass der mittlere Laut A durch jeden anderen ersetzt werden kann, ohne dass sich an der Zugehörigkeit zu KALL etwas ändert". (Fester u.a., 1980, S. 80-85). So heißt nach Fester z.B. **GAL** bis heute im umgangssprachlichen Englisch junge Frau (wir kennen das Wort girl), im **Baskischen**, der ältesten vorindoeuropäischen Sprache Europas heißt **GAL-du** Ehefrau, **GAL´tzar Geburt** und **GAIO Brunnen**, im Urromanischen heißt **GAll, Quelle** oder **Brunnen**, im Hebräischen heißt **GAIL Mädchen**, im Irischen **CAIL´Leach Urmutter**, im Griechischen **GAIA Urmutter**, im Germanischen **WALA Urmutter** und im Englischen heißt **WELL Brunnen** und **Quelle**. Wir können also feststellen, dass es sich bei der Kall-Silbe, ebenso wie bei der Annasilbe um eine aus dem Paläolithikum stammende sogenannte **Mutterwurzelsilbe** handelt.

KALL-Wörter:

Quelle, Höhle, Hölle (christlich dämonisierte Höhle);

Hel (Göttin), **Holle** (Göttin, vielen nur noch als Frau Holle aus Märchen bekannt);

Holunder, Hollerbusch (typischer Mutterbaum in den Farben der Kosmischen Mutter: Weiß, Rot und Schwarz, siehe hierzu auch Maulbeerbaum und Erdbeerbaum);

Hallo, Hello und Hola (weitverbreiteter internationaler Gruß ursprünglich an die aus den paläolithischen Höhlen bekannte Gott die MUTTER gerichtet, ähnlich wie das heutige bayerische „Grüß Gott");

Halloween (Uraltes Totenfest);

Holde (dämonisiert Unholde), hohl, hold,

Holland, Helgoland, Holledau, Hallertau, Holstein, Helvetia (Schweiz), **Helsinki** (Heilige Orte und Länder der Hel/Holle)

Helfen, Helfensteine

etwas **verhehlen**, siehe auch das Wort verbutzen, Bi-Ba-Butze-mann (Kapuze, Zipfelmütze, wobei Zipfelmütze ein Synonym für die Vulva mit der Klitoris ist und das Wort Mann ursprünglich mütterlich besetzt war)

heilen, heilig;

Hole (englisch) Loch, Höhle, **holy** (englisch) für heilig;

Holiday (englisch) für Feiertag,

hollow (englisch) für Hohlraum

Kalender;

Kali (hinduistische Göttin);

Sara-La-Kali in Saintes-Maries-de-la-Mer (Camargue) mit der berühmten Maiwallfahrt;

Keller, Kelch, Kehle, Kelten;

Kelheim (Ort am Zusammenfluss zwischen Altmühl und Donau, Bayern, Deutschland);

Kapelle, Kathedrale, Kloster, Klause, Nik-Klaus oder Nikolaus;

Kult, Kultur (lat. colere hat die Doppeldeutung von aushöhlen, aber auch pflegen);

Galgenberg, Galgental,

Gral;

Galicien, Gallier, Galater, Galiläa;

Güll für Rose im Türkischen;

Sal, Soll (Wasserwort vaskonisch und indoeuropäisch wie in Salm für Lachs oder Salamander (Hamel, Elisabeth; 2007; S. 437); **Sollern** bei Altmannstein

Triskele (weit verbreitetes Zeichen der Kelten für die dreifache Göttin);

Wallfahrt, Walkabout, Walküren, Walpurgisnacht, Wala (Wahrsagerin der germanischen EDDA), Urmutter von **Will-endorf**; **Völva** (nordische Variante der germanische Wala bekannt als Seherin, Wahrsagerin, Hexe, Zauberin, Prophetin, Schamanin), **Vulva**

Was Galgen und die Mutterwurzelsilbe Man(n) gemeinsam haben

Interessant ist es in diesem Zusammenhang auch, sich das Wort **Galgen** in Verbindung mit der Landschaft genauer anzuschauen, denn wir kennen **Galgenberge** und **Galgentäler** als Bezeichnung einer weiblichen Sakrallandschaft, ohne dass dies etwas mit der Hinrichtung durch einen Galgen zu tun hat. Wie wir oben gesehen haben, steht die Silbe Gal in mehreren Sprachen in engem Zusammenhang mit einer Wasserquelle aber auch mit der Frau, der Jungfrau, die wir ja schon als parthenogenetische Schöpferin des Lebens kennengelernt haben. Sehr schön können wir das in Österreich nachvollziehen mit zwei Urmüttern aus dem Paläolithikum: **der Urmutter vom Galgenberg** bei Stratzing an der Gemeindegrenze zu Krems-Rehberg in Niederösterreich, die auch als Venus oder **Fanny vom Galgenberg** bezeichnet wird. Aber auch an der von dortaus nur fünfundzwanzig Kilometer entfernt gefundenen **Urmutter von Willendorf**, die ebenfalls im Ortsnamen die Silbe Will als Kallsilbe erhalten hat. Natürlich gibt es heute auch in der Wachau, in Niederösterreich, den Muschelweg.

Die Urmutter oder Fanny vom Galgenberg (Wikimedia Commons, User Aiwok) zählt neben der in Deutschland gefundenen Urmutter vom **Hohle** Fels zu den ältesten Urmüttern. Datiert wird sie auf etwa 30 000 v.u.Z., in die Zeit des Aurignacien (jüngere Altsteinzeit). Rechts die Urmutter von Willendorf aus der Wachau (Donau), 25 000 v.u.Z.;(Wikimedia Commons; GNU-Lizenz, User Matthias Kabe)

Galgenberge als heilige Mutterberge

Die Silbe Gal in Galgenberg gehört zur, seit dem Paläolithikum bekannten Mutterwurzelsilbe Kall, und steht in engem Zusammenhang zum Wiedergeburtsglauben von Gott der MUTTER. In der Natur ist das Liegenbleiben der Toten an dem Ort des Versterbens normal, weshalb im Kreislauf der Natur sogenannte Aasfresser, wie zum Beispiel Geier, Rabenvögel oder auch Kormorane am Anfang des Umwandlungsprozesses zu neuem Leben stehen. Der bewusste Umgang mit dem Tod ist Bestandteil des menschlichen Bewusstseins. Das können wir daran erkennen, dass die Menschen im Gegensatz zu Tieren sehr früh anfingen ihre Toten bewusst abzulegen. Neben dem Ablegen von Toten in Höhlen, wie wir es in **Atapuerca** am Camino Francés bei Burgos am Muschelweg sehr früh finden, wird auch das Ablegen auf Bergen sich sehr früh etabliert haben, so dass die sogenannten **Seelenvögel** ihre Arbeit verrichten konnten. Diese Tiere galten ursprünglich als heilig. Verbunden ist damit auch die Vorstellung, dass die Vögel die Seelen der Menschen mit hinauf in den Himmel nahmen, damit sie als Sterne am Himmel leuchteten, bis sie von der Mutter wiedergeboren wurden, was im **Muschelweg als Sternenweg** und in dem Namen **Compostela** bis heute tradiert wird (campus stellae=Sternenfeld und compost für den organischen Lebensumwandlungsprozess des Kompostierens). Die bisher älteste Tempelanlage der Menschen in **Göbekli Tepe**, in der Türkei war auch ein solcher Hügel als Totenablageort, eine Kultstätte, die den **„Bauch der Urmutter"** symbolisiert. Diese Hügel und Berge standen nämlich nicht nur für den Tod, sondern im Verständnis des Kreislauf des Lebens für die Wiedergeburt, weshalb der Hügel in Göbekli Tepe ja auch „Hügel mit Nabel" übersetzt wird. Bis heute ist Göbekli Tepe mit seinem **Maulbeerbaum** in den Mutterfarben weiß, rot, schwarz ein heiliger, inzwischen islamisierter Wallfahrtsort. Galgenberge sind also von ihrer Wortbedeutung heilige Mutterberge, Berge der heiligen Tod-in-Lebenwandlung durch Gott die MUTTER.

In **Altmannstein**, bezeichnenderweise an der **Schambach** gelegen, einem Seitental der **Altmühl** in Bayern, auf einer der deutschen Muschelwegrouten, die von Regensburg über Altmannstein und Eichstätt nach Santiago de Compostela führt, stoßen wir genau auf einen dieser heiligen Mutterberge: **den Galgenberg von Altmann-stein**. Auf einer Stele im Außenbereich der Kirche ist der 2660 km lange Pilgerweg schlangenförmig von Regensburg über Altmannstein und Eichstätt bis Santiago de Compostela mit dem Bauchmuttersymbol der Muschel dargestellt. Aber aller Patriarchalisierung zum Trotz ist der ursprüngliche Charakter des Ortes, als Verehrungsort von Gott der MUTTER überdeutlich.

Der Muschelweg von Regensburg, Altmannstein, Eichstätt nach Santiago de Compostela als Schlangenweg dargestellt; Stele in Altmannstein am Brunnen neben der Kirche

Der Galgenberg, an dessen Fuß die Schambach vorbeifließt, zieht sich zwischen Altmannstein und **Sollern** (Kall-Wasserwort!) entlang. In Sollern finden wir gleich hinter dem Ortseingang die Marienstraße, die zur Marienkirche führt. Am Hauptaltar der Kirche begegnen wir dem Kosmischen Aspekt von Gott der Mutter, denn Maria wird dort in dem Strahlenkranz der Sonne und auf der Sichel von Frau Mond dargestellt. Flankiert wird

Maria am linken Seitenaltar von der **Bethe Barbara** und rechter Hand von der Figur der **Anna Selbdritt**, die die Maria immer in matrilinearer Abstammung zeigt. Von der Marienkirche aus führt ein Waldweg hinein ins **Mariental**, wo wir nach ein paar Hundert Metern auf zwei weitere Kapellen stoßen: Die **Lourdes-Maria** in einer Grotte, die mit ihrem gefaltetem Mantel und den gefalteten Händen an die einst heilige Klitoris-Vulva der Frau erinnert. Bepflanzt ist der Weg hinauf mit Maiglöckchen, den Blumen, die zur Hauptzeit der Wallfahrten, im Mai einen wunderbaren Duft verströmen. Gegenüber, auf der anderen Seite des Weges, finden wir in einer Holzkapelle eine **Schwarze Madonna**, die die Züge der **Schwarzen Madonna von Altötting** trägt.

Natürlich steht auch in **Altmannstein** selbst ein steinerner **Marienbrunnen** im Zentrum des Ortes und in der Heilig Kreuz Kirche finden wir eine Figur der Göttin Maria auf der Erdenkugel mit einer Drachenschlange. In einem Seitenraum der Kirche erinnern zwei romanische Kapitelle an die frühere 1801 profanisierte **Katharinenkapelle** unterhalb des Burgfelsens, was darauf hindeutet, dass auch in Altmannstein die **Bethe Katharina** als im Fels wohnende Göttin verehrt wurde, noch dazu, wo die Profanisierung darauf hindeutet, dass der Kirche nie wirklich gelang, den uralten heiligen Ort gänzlich zu patriarchalisieren.

Beschäftigen wir uns noch einmal mit dem Ortsnamen Alt-Mann-Stein. Die Worte Alt und Stein deuten schon auf die Altsteinzeit, das Paläolithikum hin, aber auch die Silbe „**Mann**" steht ursprünglich nicht für das männliche Geschlecht. Etymologisch steht die Silbe Man, Mann oder

Mana nämlich für die Mutter, womit **Altmannstein** landschaftsmythologisch sinnvoll **Alter Mutterstein** bedeutet. Tatsächlich ist also in dem Ortsnamen die auf das Paläolithikum zurückgehende Botschaft von Gott der MUTTER enthalten, die in den Höhlen, Bergen und Heiligen Steinen verehrt wurde. Zur ursprünglichen Bedeutung der Silbe Man (n) hat Barbara Walker in ihrem Lexikon „Das geheime Wissen der Frauen" (1995) Interessantes zusammengetragen.

Die Muttersilbe Man (n)

*„Im ursprünglichen Altnordischen bedeutet **man** „Frau" (engl. woman). Das Wort für „Mann" war nicht man sondern wer aus der Sanskritwurzel **vir** ...*
(Anmerk. der Verfasserin: siehe hierzu auch Virilität und das Potenzmittel Viagra)

*Bei den skandinavischen und anderen Stämmen Europas wurde mit **Man der Mond**, die Schöpferin aller Wesen bezeichnet ... Im Europa des Altertums war **Mana die Mondmutter**, die das Geschlecht der Menschen hervorbrachte -. denn abgeleitet von „woman", Frau bedeutete man ursprünglich Mensch*
(Anmerk. der Verfasserin: woman wahrscheinlich zusammengesetzt aus womb und man für Bauchmutter).

*Selbst im Rom der Kaiserzeit war Man oder Mana die Mutter aller **manes** oder **Ahnengeister**. Die Sanskritwurzel man bedeutete „Mond" und „Weisheit" und dies waren die beiden wichtigsten Attribute der Großen Göttin. Die heidnischen Skalden dichteten eine Gruppe von Liebesliedern, die dem weiblichen Prinzip des Mondes und seiner irdischen Inkarnation, der Frau geweiht waren; dies waren **mansongr, „Frauenlieder"**. Die katholische Kirche verbot sie ausdrücklich.*

*Die englische **Isle of Man** war früher der Mondgöttin geweiht; diese Mondgöttin war manchmal eine Seejungfrau oder eine androgyne Aphrodite*
(Anmerk. der Verfasserin: im Baskischen bedeutet auch heute noch andere/andre „Frau").

Diese Mondgöttin bewahrte die Seelen der Menschen in „umgedrehten Töpfen" in Grabhügeln und Bienenkorb-Grabmälern auf.
(Anmerk. der Verfasserin: siehe hierzu auch den **Omphalos-Stein** in Form eines Bienenkorbes aus Delphi, dem ältesten Orakelort Griechenlands, wobei **Delphi Schoß** und **Gebärmutter** heißt).

*Die **Isle of Man** war offenbar eine **heilige Toteninsel**. Der Name ihrer Gottheit wurde wechselnd mit **Man, Mana, Mana-Anna** oder **Manannan** wiedergegeben ... Es gab in nahezu allen Sprachen ein Wort wie „**Mana**", das immer **weibliche Kraft, Mond-Geist, Magie**, übernatürliche Kräfte und **Gottheit** bedeutete ... das Mana regierte auch die Unterwelt, die bei den Finnen **Manala** heißt.*

*Die Römer kannten eine sehr alte Göttin **Mana** oder **Mania**, die das unterirdische Land der schon lange Verstorbenen beherrschte: die Seelen der Verstorbenen, die **manes** waren ihre Kinder ... **Mana** oder **Mania** war ein gebräuchlicher Name für die Große Göttin in ihrer Gestalt als **Schöpferin** und Himmelskönigin (Mond), denn sie war wie der Mond selbst eng mit den geheimnisvollen Kräften der Frauen verbunden.*

*Die SkandinavierInnen nannten das Himmelsreich der **Göttin Manavegr**, „den Mondweg".*

Die KeltInnen bezeichneten es als E-Mania oder Hy Many,
das von der Dreifachen Göttin regierte Land. Manchmal
war es Emain Macha, das Mondland der Mutter Macha.
Ema war laut Cormacs Wörterbuch ein Ausdruck für
*„Blut" (ähnlich wie das semitische ima, „Mutter und **dam**,*
*das gleichzeitig „**Mutter**" und „**Blut**" bedeutet.*
(Anmerk. der Verfasserin: wovon wahrscheinlich das heutige Wort
„**Dame**" abgeleitet ist. Als **Dama blanca** wird sie heute noch in den
Pyrenäen zwischen **Betharram** und **Lourdes** verehrt).

Emain war also das Land des sich erneuernden Mondblu-
tes der Großen Mutter")
(Walker, Barbara; 1995, Stichwort Man(n) und Mana).

Interessant ist in diesem Zusammenhang natürlich auch,
dass die Bibel im 2. Buch Mose, aber auch der Koran,
Manna (hebräisch man) als **Himmelsspeise** oder
Himmelsbrot erwähnt, das die Israeliten während ihres
40-jährigen Herumirrens in der Wüste ernährt haben
soll. Immer wieder wurde darüber spekuliert, um welche
Speise es sich gehandelt haben könnte, die mit Reif oder
Morgentau in Verbindung gebracht werden könnte.
Dem Morgentau sind wir ja in dem südspanischen Wallfahrtsort zur **Blanca Paloma** nach **El Rocío** in der Doppelbedeutung mit Fels und Stein schon begegnet. Interessant ist in dem alttestamentarischen Zusammenhang
aber auch, dass die Israeliten widerspenstig waren und
der Aufforderung eines Gott Vaters von den guten Din-
gen zu essen nicht nachkamen. Tatsächlich handelt es
sich hier also um etwas ganz anderes, nämlich um die
Weigerung der Israeliten von dem uralten Kult um Gott
die MUTTER zu lassen, der auch in Europa weit verbreitet war. Der **Morgentau**, der auch **Mondmilch** genannt
wird und in engem Zusammenhang mit den weit verbreiteten **Schalensteinen** (Cups and Rings) steht, ist ein

Steinkult aus der Religion von Gott die MUTTER, denn der Morgentau oder die Mondmilch sollten Heilung und Segen bringen. In besonderem Zusammenhang steht der Kult aber mit dem alten Ahninnenglauben, dass die Frauen parthenogenetisch in Verbindung mit Wasser ein Kind empfangen konnten. Derungs schreiben über diesen **Morgentau-Steinkult**, der auch in Europa und insbesondere in Galicien weit verbreitet war (mehr dazu in Teil 2):

*„Schon frühmorgens gingen Frauen und Männer über die Felder, um die wohltuende Wirkung des Taus zu empfangen. Besonders die alten, mit Tau benetzten Steine wurden von den Frauen aufgesucht, um schwanger zu werden. Entweder nackt oder nur teilweise entblößt rieben sie ihren Bauch an einem Block, einen Menhir oder an einem Schalenstein. Vorwiegend die Becken der Schalensteine sollten den **Tau** oder die **Mondmilch** aufnehmen und die Empfängnis der Frauen bewirken. Damit haben wir eines der ältesten Rituale wieder entdeckt, das mit den Schalensteinen verbunden ist". (Derungs, Kurt und Isabelle; 2006, S. 1427143).*

Die Wurzeln Europas

Auch in Europa gibt es bereits für das **Alt-paläolithikum** erste Spuren von Menschen. Die ältesten finden wir am **Camino Francés**, dem spanischen Hauptteil des Muschelwegs, in der **Sierra de Atapuerca**, in der **Höhle Sima del Elefante**. Die Karst-höhlen von Atapuerca liegen nur wenige Kilometer ent-fernt von **Burgos**, wo heute am **Muschelweg** die größte Marienkathedrale, die **Catedral Santa María** steht. 2007 wurden in der Höhle **Sima del Elefante** menschliche Fossilien und Werkzeuge gefunden, die ein Alter von **1,3 Millionen Jahre** haben sollen. Da Anfang der 90er Jahre in diesem Karsthöhlengebiet in der **Höhle Gran Dolina** bereits Fossilien freigelegt worden waren, die auf ein Alter von mindestens 800 000 Jahre datiert werden und ähnliche Funde in der **Höhle Sima de los Huesos** zu verzeichnen sind, gehört Atapuerca bereits seit dem Jahr 2000 zum **UNESCO-Weltkulturerbe**.

Die Hominiden aus dem Altpaläolithikum werden der ersten Migrationswelle von Menschen aus Afrika und damit **Mulier-Homo erectus*** bzw. **Mulier-Homo hei-delbergensis** zugeordnet (Out of Afrika I). Da das For-scherteam in Atapuerca davon ausging, dass die große Entfernung vom ursprünglichen Migrationsstartpunkt in den weit entfernten Westteil von Europa eine mehrere Tausende Jahre alte genetische Isolierung von der Ur-sprungspopulation zur Folge hatte, gaben sie den Homi-niden in diesem Landschaftsraum den Namen **Mulier-Homo antecessor**. Mit dem Namen „antecessor" sollte zum Ausdruck gebracht werden, dass es sich um Menschen handelt, die als erste den europäischen Kontinent erkundeten. (Museo de la Evolución Humana, Burgos). Da neueste Funde aus Dmanisi in Georgien, in Vorderasien, die auf 1,77 Millionen Jahre datiert werden, die Diskussion um die sinnvolle Aufteilung der Hominiden in verschiedene Menschenarten wieder neu und grundsätzlich entfacht haben, bleibt allerdings abzuwarten, ob sich eine Aufteilung langfristig durchsetzt, oder ob sich nicht letztendlich herausstellt, dass alle Hominiden des Frühen Paläolithikums derselben Art angehören. (Grolle, Johann, Der SPIEGEL, Nr. 43, 21.10.2013, S. 118-121).

*Das lateinische Wort Homo bedeutet eigentlich Mensch und Mann. Da aber die übliche Geschichtsbeschreibung insbesondere der Ur- und Frühgeschichte auch heute noch stark patriarchalisch geprägt ist, was dazu führt, das eine männliche Jägerkulturbeschreibung dominiert, welche die kulturelle und ökonomische Leistung der Frauen nicht erwähnenswert findet, erscheint es notwendig dem Begriff Homo ausdrücklich den lateinischen Begriff Mulier für Frau hinzuzufügen, um ein kulturelles Zeichen zu setzen. Diese Idee entwickelte sich im Austausch mit der Linguistin, Publizistin und Professorin Luise F. Pusch, die durch zahlreiche Veröffentlichungen, aber auch durch die Gründung der Datenbank zur Frauen-Biografieforschung fembio bekannt geworden ist. Um eine unnötige Begriffskomplizierung zu vermeiden, wurde auf die im Lateinischen übliche grammatikalische Adjektivanpassung verzichtet.

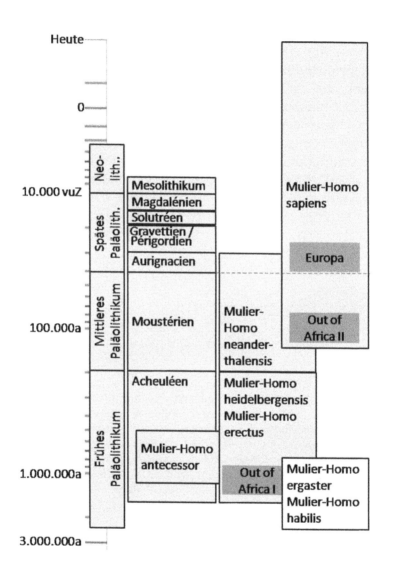

Zeittafel der menschlichen Evolution

In Südfrankreich, in der **Auvergne** mit ihrer ungewöhnlichen Vulkangegend und den berühmten Schwarzen Madonnen wurden in **Soleilhac** ebenfalls Fossilien gefunden, die **Mulier-Homo antecessor** zugeordnet werden können. (Haubert, Jacques; 2011, S. 12-21). Soleilhac liegt ganz in der Nähe von **Le Puy-en-Velaye**, einem der berühmtesten Startpunkte des französischen Muschelwegs.

Neben den Siedlungsspuren von Mulier-Homo antecessor finden wir entlang des Muschelwegs auch immer wieder Spuren von **Mulier-Homo neanderthalensis** (Moustérien). 30 000 v.u.Z. sterben die NeanderthalerInnen aus. 10 000 Jahre vorher, ab 40 000 v.u.Z. treffen wir in Spanien und in Frankreich auf die berühmtesten und ältesten Höhlenmalereien nicht nur des Kontinents, sondern zum Teil weltweit. Diese werden **Mulier-Homo sapiens** (Aurignacien) zugeschrieben, die in einer zweiten Migrationswelle der Hominiden Afrika verließen (Out of Afrika II).

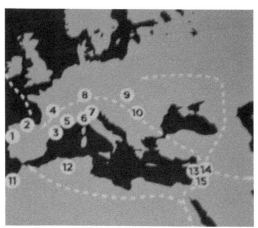

Out of Africa-Migration II von Mulier-Homo sapiens nach Europa:
Quelle: Museo de la Evolución Humana, Burgos

1=Lagar Velho: 25 000 v.u.Z.
2=El Castillo: 40 000-35 000 v.u.Z.
3=L'Arbreda: 39 000 v.u.Z.
4=Ferrassie: 35 000 v.u.Z.
5=Esquicho Grapaou 34 500 v.u.Z.
6=Abri Mochi 36 000 v.u.Z.
7=Fumane: 36 000 v.u.Z.
8=Geissenklosterle: 40 000 v.u.Z.

9=Istallosko: 29 000 v.u.Z.
10=Pestera: 40 000 v.u.Z.
11=Taforait: 82 000 v.u.Z.
12=Oued Djebana: 35 000 v.u.Z.
13=Ksar Akil: 45 000 v.u.Z.
14=Jebel Qafzeh: 120 000 bis
    90 000 v.u.Z.
15=Boker Tachtit 47 000 v.u.Z.

Harald Haarmann schreibt dazu:

„Von allen Regionen der Welt, in die der moderne Mensch als Folge seiner Migrationen gelangte, gibt es nur eine, wo sich über einen Zeitraum von mehreren tausend Jahren Kontakte zwischen verschiedenen Menschenarten entwickelten. Dies war **Westeuropa, insbesondere Südwestfrankreich und Nordspanien.** *Dort lebten Neanderthaler und der Homo sapiens in Nachbarschaft und auch in Siedlungsgemeinschaft miteinander, worauf die materielle Hinterlassenschaft beider Arten an denselben Siedlungs-*

plätzen schließen lässt ... Die Berührung der beiden Men-
schenarten hat möglicherweise stimulierend auf die Kul-
turentwicklung gewirkt. Es ist sicher kein Zufall, dass ge-
rade in einer Region intensiver Kontakte zwischen Nean-
derthalern und modernen Menschen das Kulturschaffen
der eiszeitlichen Gesellschaften einen Schub erlebte, der
als die „jungpaläolithische Revolution" (Carbonell
/Vaquero 1996) bezeichnet worden ist. Die Höhlenmale-
reien in Südwestfrankreich und Nordostspanien legen ein
beredtes Zeugnis von der Kunstfertigkeit ihrer Schöpfer ab
(Clottes/Lewis-Williams 1996). (Haarmann, Harald, 2010;
S. 80/81).

Die frankokantabrischen Höhlen als UNESCO-Weltkulturerbe

Im Norden Spaniens wurden 2008 neben der **Höhle von Altamira** eine Reihe weiterer Höhlen mit **frankokantabrischer Höhlenkunst** in das UNESCO-Weltkulturerbe aufgenommen. Die älteste Höhlenmalerei der Welt, die mit Hilfe der Uran-Thorium-Methode auf **40 000 v.u.Z.** datiert wird, findet sich demnach in Kantabrien in der **Höhle El Castillo**.

Höhlen in Nordspanien mit frankokantabrischer Höhlenmalerei auf der Liste des UNESCO-Weltkulturerbes:

Baskenland
Höhle von Santimamine in Cortézubi
Höhle von Ekain in Deva
Höhle von Altxerri in Aya

Kantabrien

Höhle von Altamira in Santillana del Mar
Höhle von Chufin in Riclones, Gemeinde Rionansa
Höhle von Hornos de la Peña in Tarriba, Gemeinde San Felices de Buelna
Höhlen am Monte Castillo in Puente Viesgo:
Höhle El Castillo (40 000 v.u.Z. älteste Höhlenmalerei der Welt; 2012 zeitlich neu datiert von dem Forscherteam von Alistair Pike von der Universität Bristol mit Hilfe der Uran-Thorium-Methode); Las Monedas; La Pasiega; Las Chimeneas
Höhle von El Pendo in Escobedo de Camargo, Gemeinde Camargo
Höhle Covalanas in Ramales de la Victoria
Höhle La Garma in Omoño, Gemeinde Ribamontán al Monte

Asturien

La Cueva de la Peña in San Román, Gemeinde Candamo
Höhle von Tito Bustillo in Ribadesella
Höhle von Covaciella in Cabrales
Höhle von Llonin, Gemeinde Peñamellera Alta
Höhle von Pindal in Ribadedeva
(aus Wikipedia, Stichwort: Paläolithische Höhlenmalerei im Norden Spaniens und El-Castillo-Höhle)

In Südfrankreich, im Département **Périgord-Dordogne**, in der Region **Aquitanien** mit der heute ebenfalls zum Muschelweg gehörenden Hauptstadt **Perigueux**, treffen wir im **Vézère Tal**, vierzig Kilometer oberhalb der Mündung der Dordogne auf Höhlen und Abris, die auch dem **UNESCO-Weltkulturerbe** zugerechnet werden.

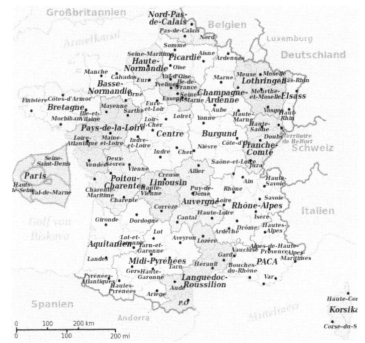

Die Départements und Regionen in Frankreich. Das berühmte Vézère Tal liegt im Départment Périgord-Dordogne in der Region Aquitanien, in Südwestfrankreich. (Wikimedia Commons)

Die berühmteste Höhle dort ist die Grotte de Lascaux, die erstmals von dem Prähistoriker und **katholischen Priester Abbé Breuil** erforscht wurde. Viele der franko-kantabrischen Höhlen sind für die Öffentlichkeit nicht oder nur teilweise zugänglich. **Altamira** in Spanien und **Lascaux** in Frankreich sind abschnittsweise als Nachbildungen begehbar, was verständlich ist, da das große Interesse von vielen Menschen die Originalhöhlen zerstören würde, andererseits aber auch schwierig, da die Forschungen von Patriarchatskritikunkundigen vorgelegt werden. Das führt zum Beispiel in **Les Eyzies-de-**

Tayac, selbst in dem neuen prähistorischen Museum dazu, dass dort auf zwei Stockwerken, keine einzige Nachbildung einer Frau zu finden ist. Geht man durch dieses Museum, so muss man den „realistischen" Eindruck bekommen, dass früher nur Männer und Tiere auf der Erde existierten. Dass dadurch eine völlige Schieflage der Ur- und Frühgeschichte gezeigt wird, ist eigentlich sofort offensichtlich. Dies ist umso verwunderlicher, weil sich ja gerade im Département Périgord-Dordogne mit zahlreichen Urmütterfigurinen, häufigen Darstellungen der Vulva und ebenfalls häufigen Ritzzeichnungen von Frauen die hohe Bedeutung von Frauen in der Altsteinzeit geradezu aufdrängt.

Das Gebiet in Frankreich, wo die vier Hauptrouten des französischen Muschelwegs aufeinandertreffen und der Teil des spanischen Muschelwegs von den Pyrenäen über das Baskenland, Kantabrien, Asturien, aber auch Teile der Provinz Kastillien-León, in der Atapuerca liegt, zeigen eine für Europa einmalige und dichte Fülle an Kultur auf und zwar einer **Kultur des Paläolithikums**. Dies ist eiszeitlich bedingt, da der frankokantabrische Kulturraum in Europa als klimatisch günstiger Rückzugsraum während der Kälteperioden gilt. Wesentlich ist aber auch die auf humangenetischen Forschungen basierende Erkenntnis, dass nach dem Maximum der letzten Eiszeit (LGM=Last Glacial Maximum 19 000-16 000 v.u.Z.) PaläolithikerInnen, mit ihrem hohen Kulturstand, Europa in weiten Teilen rückbesiedelten. Eine weitere Wanderungswelle von MesolithikerInnen aus Trockengebieten heraus, ergab sich am Ende der jüngeren Dryaszeit (10 730-9 700 v.u.Z.), die durch einen starken Kälteeinfall gekennzeichnet ist. (Soares, Pedro et al.; Current Biology; 2010, S. R 174-183).

Die bäuerliche Wirtschaftsweise gelangte vom Vorderen Orient langsam über die Türkei nach Mitteleuropa. Während sich die sogenannte LBK-Kultur (LinearbandkeramikerInnen) bis 5200 v.u.Z. in das Pariser Becken als neolithische Lebensweise ausbreitete, ist dies für das Hauptgebiet des Camino Francés, aber auch für das französisch-atlantische Gebiet nördlich der Pyrenäen, wie wir der Karte entnehmen können, zu diesem Zeitpunkt noch nicht der Fall.

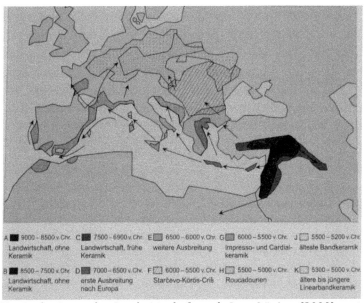

Die Ausbreitung der Landwirtschaft nach Jens Lüning (2000), entnommen aus Hamel, Elisabeth (2007, S.77)

Das bedeutet aber auch, dass in diesem Hauptgebiet des Muschelwegs nicht nur eine besonders ausgeprägte und hochentwickelte **Kultur des Paläolithikums** anzutreffen ist, sondern, dass die Menschen dort auch besonders lange als **MesolithikerInnen** lebten. Als MesolithikerInnen bezeichnet man diejenigen, die kontemporär zur andernorts bereits bestehenden, produzierenden, neolithischen Wirtschaftsweise, bei ihrer Wirtschaftsweise als WildbeuterInnen blieben.

An der Mittelmeerküste in Spanien und an der Atlantikküste in Portugal wurden zeitlich parallel einzuordnende Spuren der sogenannten **Impresso-Kardialkeramiker-Innen** gefunden. Von Impresso-Kardialkeramik spricht man, weil das Markenzeichen dieser Keramik spezifische Eindrücke in den Ton sind. Neben vielen Punkten finden sich auch **Muscheleinprägungen.** Die Herstellung von Keramik, die wir bei den LinearbandkeramikerInnen und bei den Impresso-KardialkeramikerInnen so ausgeprägt finden, dass ihre Kultur nach ihrer Keramik benannt wird, steht in der Kontinuität der weiblichen Kultur des Paläolithikums, die sich im Neolithikum fortsetzt, denn Keramik gehört wohl unbestritten zu den weiblichen Kulturleistungen.

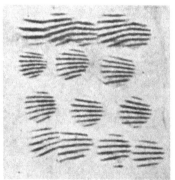

Neolithische Impresso-Kardialkeramik mit Muschelmuster, Quelle: Josep Corominas; Prehistoria de Montserrat, Barcelona, Spanien (1925); Wikimedia Commons

Die Basken und warum drei Viertel unserer Gene von ihnen abstammen

Beschäftigen wir uns nun mit der Sprache in diesem Gebiet. Die **Baskische Sprache** ist heute die einzige **nicht-indoeuropäische Sprache** im westlichen Europa. Sie gilt wie das Sumerische als isolierte Sprache. Es wird angenommen, dass das Baskische der letzte überlebende Vertreter einer alteuropäischen Sprachschicht ist, die vor dem Eindringen des Indoeuropäischen in weiten Teilen Westeuropas verbreitet war. Harald Haarmann, einer der führenden Sprachwissenschaftler, stellt in diesem Zusammenhang in den Raum, „dass man zu Recht fragen kann, ob in den Strukturen der bekannten Sprachen nicht bestimmte Techniken zu identifizieren sind, die archaischen Charakter besitzen und offensichtlich fossile Nachklänge wesentlich älterer Sprachstadien sind". In den Focus des Interesses rücken bei einer solchen Fragestellung natürlich die ältesten noch lebenden Sprachen der Welt. Dazu zählen, neben dem Dravidischen in Indien, die Sprachen des Kaukasus und in Westeuropa das Baskische. (Haarmann, Harald; 2010, S. 108/109).

Theo Vennemann, emeritierter Sprachwissenschaftler der Universität München, bezeichnet die nacheiszeitlichen Vorfahren der Basken als **Vasconen** und entwickelte hierzu seine **Vasconentheorie**, die besagt, dass die Vasconen die frühen BewohnerInnen Europas sind, die sich nach der letzten Eiszeit als WildbeuterInnen weit über den europäischen Kontinent ausbreiteten. Dort benannten sie Berge, Täler und Flüsse in ihrer Sprache mit Namen, die in Wortbausteinen zum Teil bis heute erhalten blieben. (Hamel, Elisabeth; 2007, S. 271). Dass es diese Wanderungen gegeben hat, lässt sich nach den neuesten wissenschaftlichen Erkenntnissen nicht nur linguistisch, sondern auch archäologisch, humangenetisch und nun auch religionsmythologisch bestätigen.

Heute ist das **Baskenland** eine relativ kleine Region an der Grenze zwischen Frankreich und Spanien, aber ursprünglich war das Gebiet der Basken wesentlich größer. Selbst nach der indoeuropäischen Eroberung durch die **Kelten**, die circa 800 v.u.Z. auf der iberischen Halbinsel einsetzte, können wir auf der unteren Karte feststellen, dass ein größerer Landstrich nördlich und südlich der Pyrenäen nicht keltisch sprach.

Verbreitung keltischer Völker und Sprachen: Quelle Wikipedia, Stichwort: Kelten
gelb: Gebiet der Hallstatt-Kultur im 6. Jahrhundert v. u.Z.
hellgrün: Größte keltische Ausdehnung, um 275 v. u.Z. .
sehr helles grün in Spanien: Lusitania (keltische Besiedlung unsicher)
mittelgrün: Die „sechs Keltischen Nationen", in denen es bis in die Frühe Neuzeit eine signifikante Anzahl Sprecher keltischer Sprachen gab.
dunkelgrün: Das heutige Verbreitungsgebiet keltischer Sprachen
Wikimedia Commons, User: Quartier Latin 1968, The Ogre, GNU-Lizenz)

An der Ostküste, im ehemaligen Einzugsgebiet der Impresso-KardialkeramikerInnen hielt sich lange das sogenannte Keltiberische, während im Gebiet, wo die vier französischen Muschelwegrouten aufeinandertreffen und in den Pyrenäen **aquitanisch/vaskonisch** gesprochen wurde. Aquitanisch und Vaskonisch sind sprachliche Vorläufer des heutigen Baskischen. (Hamel, Elisabeth; 2007, S. 271). Noch Caesar unterscheidet in seinem Bericht De Bello Gallico das keltische Gallien von Aquitanien. Und Lourdes Pomponius Mela beschreibt, dass das Land der Aquitanier sich von der Garonne bis zu den Pyrenäen erstreckte. Da auch das spätere Königreich Navarra zu großen Teilen baskisch war, können wir davon ausgehen, dass das Gebiet der Basken noch zu Zeiten Caesars wesentlich größer war als der heutige kleine Landstrich, denn die Römer nennen als baskische Stämme die **Vascones** und die **Ausci**. Die Ausci lebten in Aquitanien und ihre Hauptstadt war **Eliumberrum**, das heutige **Aust**. Die Basken selbst bezeichnen sich, wahrscheinlich abgeleitet von Ausci, heute als **Euskaldunak** oder **Euskal Herritar** und ihre Sprache als **Euskara**, wobei sich nach Vennemann „Euskara" auch als „**die Menschen des Westens**" übersetzen lässt. (Hamel, Elisabeth; 2007, S. 437).

Heute gehören die meisten der modernen Weltsprachen – ausgenommen das Chinesische, Japanische und Arabische – zum Kreis der indoeuropäischen Sprachen. Dazu zählen in Europa das Griechische, das Lateinische, das Englische, das Spanische, das Portugiesische, das Französische, das Deutsche, aber auch die zum Teil ausgestorbenen Sprachen wie das Keltische und das Germanische, ebenso wie das indische Sanskrit. Die Heimat der

Indoeuropäer liegt, wie Marija Gimbutas bereits in den 1970 er Jahren mit ihrer Kurgan-Theorie beschrieben hat, in der südrussischen Steppe und nicht, wie andere Wissenschaftler zeitweise annahmen, in Anatolien.

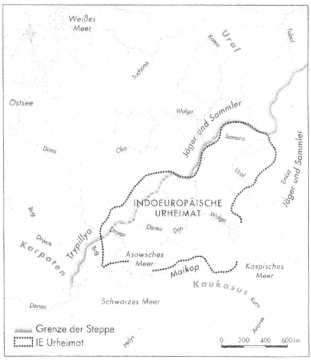

Geographische Umrisse der indoeuropäischen Urheimat (nach Anthony 2007: 84, entnommen aus Haarmann, Harald, 2010, S. 21)

In diesem Zusammenhang weiß man auch, dass nicht die Indoeuropäer, wie immer wieder zu lesen, die neolithische Wirtschaftsweise der Keramik und des Ackerbaus nach Europa brachten, sondern die Linearbandkeramikerinnen und die Impresso-Kardialkeramikerinnen. Die Indoeuropäer wiederum als Pferde züchtende Viehnomaden, erschienen erst 4500 v.u.Z. in Alteuropa und stehen in Verbindung mit der ersten Ausbreitung patriarchalischer Strukturen. Als Marija Gimbutas nachwies, dass sich durch die indoeuropäischen, pferdezüchtenden Viehnomaden ab 4500 v.u.Z. ein kultureller Bruch in Europa abzeichnete, der sich in einer plötzlich auftauchenden hierarchischen Bestattungskultur in Verbindung mit einem patriarchalischen Sonnenkult äußerte und in krassem Gegensatz stand zu der früheren Kultur von Alteuropa, stießen ihre Forschungsergebnisse auf großes Interesse, aber auch auf Kritik. Eines der Hauptargumente gegen die indoeuropäische Invasion war die Tatsache, dass keine zahlenmäßig bedeutenden Migrationen festgestellt werden konnten. Heute ist auch dieses Rätsel gelöst. Harald Haarmann schreibt dazu in seinem 2010 erschienenen Buch über die Indoeuropäer:

„Mit der von Gimbutas konzipierten Kurgan-Theorie gab es ein Problem. Die von ihr postulierten Migrationen wurden als die Bewegungen von zahlenmäßig bedeutenden Bevölkerungsgruppen verstanden. Allerdings kann die Archäologie solche Migrationen nicht nachweisen, und auch die Humangenetik kann keine signifikanten Spuren im genomischen Profil späterer Bevölkerungen ausmachen. Die Vorstellung, dass riesige Reiterhorden aus der russischen Steppe nach Westen gestürmt wären, ist unhaltbar". (Haarmann, Harald; 2010, S. 47).

Die Auflösung dieses scheinbaren Widerspruchs lässt sich wiederum aus der damaligen Bestattungskultur erklären, die im Gegensatz zur egalitären Kultur der Linearbandkeramik (LBK) auf eine hierarchische Sozialordnung und auf die Existenz einer Elite mit politischer

Macht hinweist. Harald Haarmann fasst dazu die neuesten Erkenntnisse zusammen:

*„Die Frühphase der Indoeuropäisierung stellt sich in neuem Licht dar, und zwar als die **politische Kontrolle von nomadischen Eliten** über die sesshafte agrarische Bevölkerung".* (Haarmann, Harald; 2010, S. 48).

Kommen wir noch einmal auf die **Basken** zurück. Die Basken rückten nicht nur aus linguistischer Sicht in den Focus wissenschaftlichen Interesses. In den letzten Jahren beschäftigten sich auch die **HumangenetikerInnen** mit den Basken, allen voran das Forschungsteam um Cavalli-Sforza. Harald Haarmann hat deren Forschungsergebnisse über die Basken so zusammengefasst:

*„Zu den ältesten Skelettfunden des modernen Menschen in Westeuropa gehören die von Cro-Magnon in der Dordogne. Danach werden die altsteinzeitlichen Bewohner jener Region als Cro-Magnon-Menschen bezeichnet. Diese älteste Bevölkerungsschicht des Homo sapiens in Westeuropa tritt auf den humangenetischen Karten als genetischer „Außenlieger" (engl. outlier) deutlich in Erscheinung. Was das genomische Profil dieses Außenliegers von seiner Umgebung absetzt, ist eine hohe Frequenz (bis 70 Prozent) der Blutgruppe 0 und des negativen Rhesusfaktors. Diese genetische Charakteristik gilt auch für die heutige baskische Bevölkerung, die auf beiden Seiten der spanisch-französischen Grenze verbreitet ist. **Vereinfacht ausgedrückt bedeutet dies, dass diejenigen Menschen, die die altsteinzeitlichen Höhlen ausmalten und das älteste Kalenderwesen der Welt erfanden, entfernte Verwandte der modernen Basken sind.** (Cavalli-*

Sforza/Piazza 1993:11)". (Haarmann, Harald; 2010, S. 109/110).

Als Bryan Sykes 1995 auf der zweiten Europakonferenz über Bevölkerungsgeschichte seine Forschungen über die **maternale Mitochondrien-DNA**, die nur über die Mutter vererbt wird, vorlegte, musste nach anfänglicher Skepsis, die bis dahin geltende traditionelle Sicht der europäischen Ur- und Frühgeschichte wieder einmal über den Haufen geworfen werden. Bis dahin ging die Fachwelt nämlich davon aus, dass die EuropäerInnen zum größten Teil von den Bauern abstammten, die vor circa 10 000 Jahren aufgrund der neolithischen Revolution aus dem Nahen Osten nach Europa eingewandert waren. Tatsächlich konnten die ForscherInnen nun anhand der maternalen Abstammungslinien feststellen, dass die meisten EuropäerInnen auf eine viel längere Reihe von Ahninnen zurückgingen. **Die bis dahin herrschende Theorie, dass die Bauernpioniere aus dem Nahen Osten die Nachfahren des Cro-Magnon-Menschen verdrängt, die ihrerseits die Neandertaler verdrängt hatten, erwies sich als falsch**. (Sykes, Bryan; 2003, S. 167-191).

Auch bei den humangenetischen Forschungen über die Abstammungsahnenlinie der EuropäerInnen war die Bevölkerungsgruppe der **Basken** besonders ins Visier der WissenschaftlerInnen geraten. Tatsächlich zeigten die humangenetischen Forschungen nun, dass **60-80 Prozent der Europäer dieselben Ahninnen haben wie die Basken**. Das Team von Sykes entwickelte anhand der mitochondrialen DNA ein Abstammungsmodell, das aufzeigte, dass in der **Bevölkerung Europas sieben** große genetische Gruppierungen identifiziert werden konnten. Sykes führte diese Gruppierungen auf sieben Clanmütter zurück und gab ihnen die Namen Ursula, Xenia, Helena, Velda, Tara, Katrin, Jasmin, deren Anfangsbuchstaben auf die Sequenzgruppen zurückgingen, die er aus dem Klassifikationssystem des italienischen Genetikers Antonio Torroni übernommen hatte. Sykes bestimmte das Alter der auf die sieben Clanmütter zurückzuführenden Abstammungslinien zwischen 45 000 und 10 000 Jahre. Seine wissenschaftlichen Veröffentlichungen unterbreitete er schließlich einem breiten Publikum in dem populärwissenschaftlichen Bestseller „Die sieben Töchter Evas – Warum wir alle von sieben Frauen abstammen" (2003).

Inzwischen konnten die uralten, ins Paläolithikum reichenden genetischen Abstammungslinien der EuropäerInnen auch über die Y-Chromosomen-DNA bestätigt werden, und so wird seitdem die europäische Geschichte aus humangenetischer Sicht ganz anders geschrieben, als noch vor 15 Jahren: nämlich als im Paläolithikum wurzelnd. Am 10. November 2000 erschien in der Zeitschrift Science der Artikel „Das genetische Erbe des paläolithischen Homo sapiens aus der Sicht der Y-Chromosomen". Verfasst war der Artikel von einem großen Team von Forschern aus Italien, Osteuropa und den Vereinigten Staaten, unter ihnen Cavalli-Sforza. In dem Artikel wurde Bezug genommen auf die, 1996 von Bryan Sykes und seinem Team veröffentlichten Ergebnisse anhand der mitochondrialen DNA, die darauf verwiesen, dass der paläolithische Anteil am Gen-Pool etwa 80 Prozent und das neolithische Erbe 20 Prozent ausmachten. Der nun erschienene Artikel endete mit dem

Wortlaut: „Unsere Befunde unterstützen diese Schluss-
folgerung". (Sykes, Bryan; 2003, S. 218/219).

Ein weiterer Meilenstein in der Korrektur des Verständnisses der Menschheitsgeschichte, diesmal aus kultur-
wissenschaftlicher Sicht, gelang Gerhard Bott mit seinem
2009 veröffentlichten Werk „Die Erfindung der Götter;
Essays zur Politischen Theologie". Mit seinem ur- und
frühgeschichtlichen Forschungsschwerpunkt konnte er
die bisherige Annahme der monogamen Vater-Mutter-
Kind-Familie als Urfamilie und des Jägers als Hauptver-
sorger einer solchen Paarungsfamilie als falsch widerle-
gen. Tatsächlich hat die **Urvaterthese** mit ihrer Focus-
sierung auf den Vater keinen Bestand bei der Annahme
einer natürlichen freien Sexualität der Menschenfrau,
der sogenannten **female choice**. Botts kenntnisreiche
religionssoziologische Studien zeigten **die Entstehung
der herrschaftstheologischen Erfindung der Götter**
über die **Zwischenstufe der Heiligen Hochzeit** zur
monotheistischen Patriarchatstheologie deutlich auf.
Weitere Forschungen von Gabriele Uhlmann aus archäo-
logisch-soziologischer Sicht (Uhlmann, Gabriele; 2011,
2012) und von mir aus religionssoziologischer und reli-
gionsmythologischer Sicht (Armbruster, Kirsten 2010,
2013) brachten die herrschende patriarchale Ideologie
weiter zu Fall. Tatsächlich ist nun auf der Basis der ur-
und frühgeschichtlichen Patriarchatskritikforschung ein
völlig anderes Verständnis der menschlichen Geschichte
und an dieser Stelle der europäischen Geschichte möglich. Deutlich wird für die Ur- und Frühgeschichte, die
bisher gerne lapidar als nicht existierende oder unwe-
sentliche Vorgeschichte bezeichnet wird, die Existenz
einer **Zivilisation der Mütter**.

Die Zivilisation der Mütter

Als Marija Gimbutas Ende der 90er Jahre des 20. Jahrhunderts ihre wegweisenden Werke „Die Zivilisation der Göttin" und „Die Sprache der Göttin" veröffentlichte, legte sie, insbesondere für das Neolithikum (die Jungsteinzeit) ein neues Fundament für das Geschichtsverständnis. Nach vielen Anfeindungen haben sich heute ihre wissenschaftlichen Befunde als haltbar und richtig erwiesen. Inzwischen hat die Patriarchatskritikforschung weitere Erkenntnisse zur Ur- und Frühgeschichte veröffentlicht:

Die Irrlehre vom Urvater hat sich als Lüge erwiesen. (Bott, Gerhard, 2009, S. 15-21; Armbruster, Kirsten, 2013, S. 15-17). Damit einher geht auch der Untergang des patriarchalen Mythos des Jägers als Ernährer der Sippe, denn tatsächlich handelt es sich im Paläolithikum (Altsteinzeit) um WildbeuterInnengemeinschaften, in denen die Frauen nicht nur durch die Heiligkeit der Geburt eine zentrale Bedeutung hatten, sondern auch als Sammlerinnen einen wesentlichen Teil der Nahrungsökonomie bestritten, sowie mit ihrem Pflanzenwissen, die zum Überleben wichtige Tradition der Medizin aufbauten. Eine Paarungsfamilie hat es im Paläolithikum nicht gegeben, da Vaterschaft auf der Grundlage der biologisch normalen, freien Sexualität der Frau, der sogenannten female choice keine Rolle gespielt haben kann (Bott, Gerhard; 2009, Uhlmann, Gabriele; 2011, 2012). Das Familienmodell des Paläolithikums war unilinear matrilinear und matrilokal (Bott, Gerhard; 2009). Das bedeutet, dass die Mütter soziologisch im Mittelpunkt der Gemeinschaft standen, weshalb auch von Matrifokalität gesprochen wird (Uhlmann, Gabriele; 2011, 2012). Gemeint ist damit, dass die Mütter im Zentrum (Focus) der Gemeinschaft stehen. Nicht gemeint ist damit, dass die Mütter hierarchisch über die Gemeinschaft herrschten, denn darin sind sich inzwischen tatsächlich alle WissenschaftlerInnen einig, dass es ein Matriarchat in Umkehrung eines Patriarchats nie gegeben hat. Der oft verwendete und zu Missverständnissen verführende Begriff Matriarchat erweist sich damit als völlig ungeeignet zur Beschreibung der paläolithischen und neolithischen Lebensverhältnisse und wird daher von der ur- und frühgeschichtlichen Patriarchatskritikforschung abgelehnt. (Bott, Gerhard; 2009; www.gerhardbott.de; Armbruster, Kirsten; 2013, S. 49-61). Als sinnvoll und zutreffend erweist es sich aber, statt von Matriarchat, von der **Zivilisation der Mütter** zu sprechen.

Die Gruppengröße einer paläolithischen Gemeinschaft wird nach den neuesten Erkenntnissen aus Atapuerca auf 100 bis 120 Individuen geschätzt. (Bott, Gerhard; 2009, S. 23). Die Erkenntnis, dass solche Gemeinschaften egalitär, ohne Hierarchien lebten, ist inzwischen allgemein anerkannt und zeigt den hohen sozialen Entwicklungsstatus im Paläolithikum, der religionshistorisch und künstlerisch korreliert, was bei den Höhlenmalereien als religiös-künstlerische Gestaltung eines Sakralraums, insbesondere im frankokantabrischen Landschaftsraum offensichtlich ist. Die soziologische Matrifokalität läuft parallel zur Herauskristallisierung der ältesten Religion der Welt, der Religion um Gott die MUTTER. (Armbruster, Kirsten; 2010, 2013).

Die Religion um Gott die MUTTER ist eine Religion, die auf der Beobachtung der Kreisläufe der Natur beruht. Sie ist also eine **naturwissenschaftliche Religion**. Hierin unterscheidet sie sich fundamental von den heutigen Welttheologien, insbesondere den patriarchalen, monotheistischen Theologien, welche die Natur verkehrt haben und stattdessen auf politische Machtinteressen von Männern zurückgehen. Während die Religion von Gott der MUTTER auf naturwissenchaftlichen Beobachtungen fußt, muss die patriarchale Theologie sich auf „Glauben" stützen, der auf manipulativer Propaganda beruht.

Die Zerstörung der Zivilisation der Mütter:

Erste Anfänge einer Patriarchalisierung können wir im Laufe des Neolithikums im Zuge der Rinderdomestikation im Modus III erkennen. (Bott, Gerhard; 2009; S. 132-159). Ab dem Chalkolithikum, der sogenannten Kupfersteinzeit, also ab dem späten 5 Jahrtausend v.u.Z. im Vorderen Orient und ab 4300 v.u.Z. in Mittel- und Nordeuropa, sind erstmals hierarchische Gesellschaftsstrukturen erkennbar, denn statt der egalitären Bestattung erscheinen erste Herrschaftsgräber (Arsan Tepe und Warna). Voraussetzung für die großflächige gewaltsame Durchsetzung des Patriarchats ist aber die Domestikation des Pferdes, das ab 3500 v.u.Z. erstmals von Streitwagenkriegern und ab 2000 v.u.Z. von Reiterkriegern zu Kriegszwecken missbraucht wird. Parallel verläuft die Entwicklung des Metallzeitalters, denn die Waffen aus Bronze und später aus Eisen sind der zweite Faktor, der die Voraussetzung zur Kriegsführung schafft. Das Neolithikum, also die produzierende Lebensweise mit Keramik, Gartenhackbau, Sesshaftigkeit und Kleintierhaltung im Wirkungsbereich der Frauen, beginnt aber schon wesentlich früher, denn die älteste Keramik wurde in China bereits vor 18 000 Jahren hergestellt. (Museo de la Evolución Humana, Burgos). Die von Vere Gordon Childe als Neolithische Revolution bezeichnete Umstellung auf

114

Sesshaftigkeit, die sich aus dem Pflanzenanbau ergibt, wird allgemein mit 10 000 v.u.Z. angesetzt. Diese Umstellung erweist sich bei näherem Hinsehen aber gar nicht als Revolution, denn tatsächlich können wir noch weitere 5000 Jahre, also die längste Zeit im Neolithikum eine matrifokale, egalitäre Kontinuität feststellen. Wie Gabriele Uhlmann nachweisen konnte, gilt nämlich, dass nicht nur

- **die PaläolithikerInnen und**
- **die MesolithikerInnen, sondern auch**
- **die neolithischen LinearbandkeramikerInnen bis hin zur Michelsberger Kultur matrifokal lebten.**
(Uhlmann, 2011, 2012, sowie persönliche Mitteilung).

Dies verläuft auch religionshistorisch parallel. Der Umsturz von Gott der MUTTER als aseitätischer, parthenogenetischer Kosmischer Mutter beginnt mit der Metallgewinnung im großen Stil, denn die Entheiligung von Gott der MUTTER ist die Voraussetzung für den Raubbau an Mutter Erde. Tatsächlich findet also erst hier eine Revolution, ein blutiger Umsturz statt, denn die Bronzezeit ist der Beginn des patriarchalen Kriegszeitalters. Parallel zu den ersten Streitwagenkriegern ab 3500 v.u.Z. und den ersten Reichsgründungen der Sumerer, der indoeuropäischen Kurgan-Völker der Hethiter, Arier, Churriter und Achäer, sowie der hamito-semitischen Akkader, Amoriter und Aramäer (Bott, Gerhard; 2009, S. 395-396), tauchen ab 3300 v.u.Z. die ersten namentlich genannten männlichen Vegetationsgötter auf. Um den männlichen Herrschaftsanspruch zu legitimieren, entwickelt sich das Ritual der **Heiligen Hochzeit**, das mit einem Stierkult einhergeht Bei der Heiligen Hochzeit geht es um die **Inthronisierung der Paarungsfamilie**, welche die Ablösung der matrifokalen Blutsfamilie bedeutet. (Bott, Gerhard; 2009, S. 163-208). Parallel zu diesem soziologischen Umsturz findet ein religionshistorischer Umsturz statt. Tatsächlich wird Religion ausgetauscht durch Politische Theologie.

Nur 500 Jahre nach dem Auftauchen der ersten Reiterkrieger wird 1500 v.u.Z. in Ägypten, durch Pharao Echnaton, der erste Versuch unternommen mit Aton einen monotheistischen Sonnengott zu installieren. In Mesopotamien erscheint das Gilgamesch-Epos des babylonischen Priesters SIN-LEQUE UNNINI. In dem wird berichtet, „dass Gilgamesch der Großen Göttin, die ja als Quell allen Lebens, aller Menschen wie aller Tiere galt, die Heilige Hochzeit verweigerte", woraufhin der Legende nach, die Göttin INANNA „ihren Himmelstier auf den rebellischen König hetzt, der aber seinen Machtanspruch, König aus eigenem Recht und ohne das traditionelle „Göttinnen-Gnadentum" zu sein, dadurch unter Beweis stellt, dass er den **Himmelsstier tötet**. (Bott, 2009, S. 485). Dies wird als das Ende der Heiligen Hochzeit interpretiert und ist Voraussetzung für die nächste Phase der Patriarchalisierung, dem 1100 v.u.Z. geschriebenen Weltschöpfungsepos ENUMA ELISH, der nun den **mythologischen Muttermord** vollzieht. Der Muttermord ist Voraussetzung für die in die Zeit von König Josia 650 v.u.Z. fallende Durchsetzung der ersten patriarchal-monotheistischen Theologie im Judentum. Es folgt die, auf jegliche matrilineare Abstammung verzichtende und damit noch patriarchalere Theologie des Christentums und schließlich des Islam. Bis heute steht die Welt unter dem patriarchal-monotheistischen Diktat. Alle drei Theologien begrenzen die ursprüngliche freie sexuelle female

116

choice. Der Grund dafür ist, Vaterschaft und eine patrilineare Abstammung möglichst abzusichern. Deshalb werden ein bis zur Ehe geltender Keuschheits-Jungfrauenkult und die patrilineare Vater-Mutter-Kind-Familie propagandisiert. Der Schutz der Frauen vor Gewalt durch ein starkes matrilineares Kollektiv entfällt damit.

Und heute: Selbst in Deutschland, das als zivilisiert gilt, sind für Frauen die aktuellen Zahlen des Bundeskriminalamtes bei den Tötungsdelikten alarmierend. „Demnach sind 49,2 Prozent (154 von 313) aller getöteten Frauen Opfer ihres aktuellen oder ehemaligen Partners. Gravierende Angriffe auf die körperliche Unversehrtheit erfahren in Beziehungskonflikten überwiegend weibliche Opfer. Nach der 2004 veröffentlichten repräsentativen Studie „Lebenssituation, Sicherheit und Gesundheit von Frauen in Deutschland" haben rund 25 Prozent aller Frauen im Alter von 16 bis 85 Jahren körperliche oder sexuelle Gewalt - oder auch beides - durch aktuelle oder frühere Beziehungspartner mindestens ein- oder auch mehrmals erlebt. Es gibt deutliche Hinweise darauf, dass für Frauen mit Migrationshintergrund ein signifikant höheres Gewaltrisiko besteht (38 %). Bei den körperlichen Übergriffen handelt es sich um ein breites Spektrum unterschiedlich schwerwiegender Gewalthandlungen: Frauen werden von ihren männlichen Partnern geschlagen, vergewaltigt, beschimpft oder gedemütigt. Zwei Drittel der von häuslicher Gewalt betroffenen Frauen haben schwere bis sehr schwere körperliche und/oder sexuelle Gewalt erlitten. Frauen sind demnach von häuslicher Gewalt mehr bedroht als durch andere Gewaltdelikte im öffentlichen Raum Die Studie Gewalt

gegen Frauen in Paarbeziehungen, die 2012 veröffentlicht wurde, bestätigt diese Ergebnisse und belegt, dass
auch Frauen in mittleren und hohen Bildungs- und Sozi-
alschichten in einem viel höheren Maß Opfer von Gewalt
durch ihren Partner werden, als dies bislang bekannt
war". (Wikipedia, Stichwort: Häusliche Gewalt). Und für
Kinder gilt, dass 75 Prozent der sexualisierten Gewalt an
Kindern im Familien- und Bekanntenkreis stattfindet
(www.polizei-beratung.de
/Opferinformationsdienst sexueller Missbrauch). Die
Schwächung der Mütter und des matrilinearen Kollektivs
hat also für Frauen und Kinder gerade auch im privaten
Umfeld massive Bedrohungspotentiale freigesetzt.

Es ist Zeit das Patriarchat in Frage zu stellen! Da Vaterschaft heute über DNA-Analysen sicher festgestellt werden kann, ergeben sich für die Zukunft auch ganz andere,
vielfältigere Möglichkeiten des Zusammenlebens. Vaterschaft mit Herrschaftsmacht und Repression zu verbin-
den, wie es gerade auch die monotheistische Theologie
propagiert, ist jedenfalls falsch und kann auch nicht
wirklich im Interesse guter Väter sein. Eine Wallfahrt auf
dem Muschelweg ist eine gute Zeit über diese Zusam-
menhänge nachzusinnen.

Höhlen als Kathedralen der Steinzeit

Sakralkunst

Die paläolithischen Fundstellen und Höhlenmalereien des **Vézère-Tals** im Département Périgord-Dordogne, in der Region Aquitanien, gehören seit 1979 zum **frankokantabrischen UNESCO-Weltkulturerbe**. Als der katholische Priester und Prähistoriker **Abbé Breuil** die im Vézère Tal, unweit von Montignac gelegene **Grotte de Lascaux** erforschte, erkannte er schnell, dass es bei den Malereien in dieser Höhle nicht um Jagd ging, sondern um **Sakralkunst**, die ihn so beeindruckte, dass er sie mit der von Michelangelo ausgestalteten **Sixtinischen Kapelle** in Rom verglich. Und **Pablo Picasso** soll 1940 nach einer Besichtigung der Höhle gesagt haben, dass der Mensch nichts Neues gelernt habe. Die Höhle von Lascaux wurde im Jungpaläolithikum ausgemalt. Die Zeitangaben variieren zwischen Périgordien (Gravettien) und Magdalénien, also zwischen 35 000 und 15 000 v.u.Z.. Da der hohe BesucherInnenandrang drohte die Höhle zu zerstören, wurde von einem Teil der Höhle eine originalgetreue Nachbildung gebaut. Seit 1983 ist Lascaux II, die vor allem den Saal der Stiere (Salle des Taureaux) als Faksimile zeigt, der Öffentlichkeit zugänglich. Ausgemalt wurde **Lascaux II, in zehnjähriger Arbeit in wesentlichen Teilen von einer Frau: Monique Peytral**. (Thierry, Felix, Aubarbier Jean-Luc; 2011; S. 30).

Die kopflosen Frauen als kulturelle Ikonen Europas

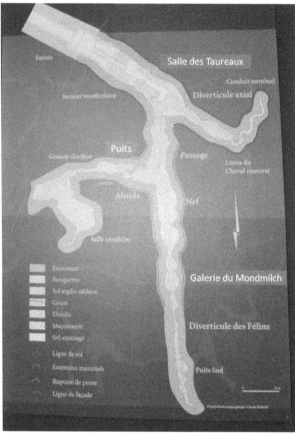

Schematische Darstellung der Höhle Lascaux in Le Thot, Thonac, Périgord-Dordogne

Wie eine tanzende Frau ohne Kopf, die **tanzende Erd-bauchmutter**, die lustvoll und sich ihrer Gebärmacht bewusst, ihre Beine spreizt, wirkt die Höhle in ihrer Gesamtheit. Frauen ohne Kopf als Ritzzeichnungen finden wir später zahlreich in den Höhlen, nicht nur im **Périgord**, wie in **La-Roche-Lalinde** und in der **Grotte des Combarelles** bei **Les Eyzies-de-Tayac**, sondern in ganz Europa. Besonders häufig auch in **Gönnersdorf**, in Deutschland, unweit von Bonn, wo natürlich heute auch der Muschelweg vorbeiführt. Der Prähistoriker Gerhard Bosinski bezeichnet die kopflosen Frauen, da sie so häufig vorkommen, sogar als „**kulturelle Ikonen Europas am Ende der letzten Eiszeit**". In dem Buch „Femmes sans tête" gibt es eine hervorragende Zusammenstellung dieser zahlreichen, in ganz Europa verbreiteten, Ritzzeichnungen. (Bosinski, Gerhard; 2011).

Felsritzzeichnung Kopfloser Frauen, La-Roche-Lalinde, Magdalénien, Prähistorisches Museum Les-Eyzies-de-Tayac

Oft sind diese Frauen hintereinander, übereinander oder ineinander gemalt, manchmal sind sie einander zugewandt. Von der Archäologie werden sie gerne als tanzende Frauen bezeichnet. Das mag zum Teil sein. Auffallend ist jedenfalls, dass die Frauen im Paläolithikum in der Gemeinschaft mit anderen Frauen dargestellt sind und, dass diese Gemeinschaft offensichtlich wichtig war. Tatsächlich können wir diese Zeichnungen nur verstehen unter der Prämisse eines matrifokalen Frauenkollektivs. Die in Reihe gezeichneten Frauen könnten dabei die matrilineare Reihe der Ahninnen darstellen.

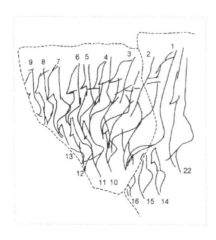

Deutlich zu erkennende matrilineare Ahninnenreihe von kopflosen Frauen aus Gönnersdorf, Deutschland; entnommen aus Bosinki, Gerhard; 2011, S. 95, Plakette 65

Im engen Zusammenhang stehen diese kopflosen Frauenfiguren immer wieder mit **Vulvadarstellungen** oder den schematischen **Pudenda-Dreiecken**, die das **Schamdreieck der Frau** symbolisieren, was die Prähistorikerin Marie König ja schon vor dreißig Jahren ausführlich dargestellt und belegt hat. (König, Marie; 1981). Besichtigt man die **Grotte des Combarelles** bei Les Eyzies–de-Tayac, wo neben **Ritzzeichnungen von Tieren** auch **zwanzig kopflose Frauenritzzeichnungen** und **vierzehn Vulvaritzzeichnungen**, vor allem im hinteren, der Öffentlichkeit nicht zugänglichen Teil der Höhle, gefunden wurden, deren Alter auf 13 000 Jahre datiert wird, so erkennt man besonders deutlich, dass es hier nicht um Kunst geht, sondern um **Religion**. Eine KünstlerIn möchte, dass ihre Kunst sichtbar ist und von der

Öffentlichkeit als Botschaft wahrgenommen wird. Die Grotte des Combarelles wäre für einen solchen Zweck völlig ungeeignet. Heute ist die Höhle begehbar, aber zur Zeit der Entstehung der Ritzzeichnungen war praktisch nur ein Hineinkriechen möglich. Ein Hineinkriechen in völliger Dunkelheit. Die Dunkelheit durchbrochen nur von dem Flackern kleiner Talgfunzeln, die in den Höhlen gefunden wurden. Gerade in dieser Höhle ist es, schon wegen der Enge, sehr wahrscheinlich, dass die Ritzzeichnungen von Frauen gemacht wurden. Als **Wiedergeburts- und Ahninnenritual** in einem engen **Gebärgang der Erdbauchmutter**.

Solche Höhlen könnten als Vorbild gedient haben für die in Europa weit verbreiteten **Erdställe**, künstlich geschaffene unterirdische Gangsysteme. Erdställe wurden da angelegt, wo weder natürliche Höhlen vorhanden, noch Megalithanlagen geschaffen wurden. Sie sind bekannt aus Spanien, Frankreich, England, Irland, Dänemark, Rumänien, Österreich, Ungarn und der Slowakei. Und auch in Deutschland, besonders im Bayerischen Wald, im Oberpfälzer Wald und im Alpenvorland sind sie zu finden. (Löffelmann, Monika; 1997; S. 7). Interessant ist die zeitliche Einordnung der Erdställe, die sehr unterschiedlich ist, aber im Allgemeinen als „prähistorisch" eingeordnet wird. Karl Schwarzfischer, einer der führenden Forscher über Erdställe ist der Überzeugung, „dass die künstlichen Höhlen im Zuge der **Erstbesiedelung einwandernder Stämme** von diesen zur **Ahnenverehrung**" angelegt wurden. Auch die Erdstallforscherin Henriette Niedermair geht von einem hohen Alter der Erdställe aus und begründet ihre Annahme mit der „Art der kultischen Nutzung, wobei sie speziell den Zusammenhang der Erdställe und Erdstallorte mit dem **Sagen-kreis der Jungfrau** herausstellt". (ebenda, S. 58). Dass mit der Jungfrau ursprünglich nicht die keusche Frau gemeint ist, sondern die parthenogenetische-aseitätische Gott die MUTTER als Kosmische Mutter der Steinzeit, wurde ja schon ausführlich begründet. (Armbruster, Kirsten; 2013, S. 46-48).

Menschen ohne Kopf finden wir interessanterweise auch in der neolithischen Siedlung Chatal-Höyük in der Türkei. Hier in Verbindung mit Geiern und damit ganz offensichtlich in Verbindung mit dem Tod.

Die Kosmische Mutter als Geiergöttin aus Chatal Höyük, die die Toten zu sich in den Sternenhimmel nimmt, während die Knochen auf der Erde bleiben.

Barbara Walker schreibt über die Geier folgendes:

„Eines der ältesten Totenzeichen der großen Mutter war der Geier, der die Toten fraß… In der Jungsteinzeit war es allgemein üblich, die Leichname den Aasgeiern, die den mütterlichen Geist verkörperten, zu überlassen. Aus diesem Grund glaubten selbst die Griechen und die Römer,

124

alle Geier seien weiblich... Im alten Persien wurden die Toten nicht beerdigt, sondern in **dakh-mas**, den dachlosen „Türmen des Schweigens" den Geiern dargeboten; viele dieser Türme stehen heute noch. Die dakh-mas wurden zu einer Zeit gebaut, in der die Perser die Mond-Göttin Mah (die Mutter) verehrten und glaubten, die Geier trügen die Verstorbenen in ihr himmlisches Gefilde. Selbst nach der Einführung der Erdbestattung durften in Persien die Toten nicht beigesetzt werden, ehe sie von Geiern zerrissen worden waren... Die ÄgypterInnen verehrten die geier-köpfige Mutter als den Ursprung aller Dinge und nannten sie Mut, Isis oder Nekbet. Die Geier-Mutter und die Schlangen-Göttin Buto (Per Uatchet) hatten als „die zwei Gebieterinnen" die Aufgabe, die königliche Sippe zu bewachen und die toten Könige in ihrem jenseitigen Leben zu betreuen. Den zwei Gebieterinnen waren in Tempeln besondere Kapellen vorbehalten: in der östlichen gebar die Schlangen-Göttin täglich die Sonne, in der westlichen bestimmte die Geier-Göttin täglich den Sonnenuntergang. Zuweilen erschienen beide Göttinnen als Geier auf dem heiligen Berg Sehseh, wo der verstorbene Pharao zu einem ewigen Kind an ihrer Brust wurde. ... Im Buch von **Ani** heißt es, das erste Tor zur uterinen Welt würde von der Geier-Göttin bewacht, deren reißender Schnabel den Toten Einlass gewährte, von dem sie wieder auferstehen würden ... Die Geier-Mutter war in Nordeuropa ebenso bekannt wie in Asien. Nach Meinung der Sachsen waren die Walküren „Leichen-Esserinnen" und nahmen oft die Gestalt aasfressender **Krähen** oder **Raben** an". (Walker, Barbara; 1997, Stichwort Geier).

Die Mutter der Tiere

Beschäftigen wir uns aber noch einmal mit der Höhle von Lascaux. Betrachtet man in Lascaux II die wunderbaren Tiergemälde, so fällt die **Lebendigkeit der Tiere** auf. Rote und Schwarze Kühe hüpfen vor Lebensfreude teilweise übereinander, wie Kälber, die frisch auf die Wiese gelassen werden. Pferde wälzen sich genüsslich am Höhlengewölbe, Auerochsen strecken ihre Mondhörner mit der Lunarsymbolik weit hinaus. Hirsche, Steinböcke, Rentiere und sogar ein Bär tummeln sich im **Paradies der Erdbauchmutter**. Hier warten sie darauf wiedergeboren zu werden von der **Mutter der Tiere**. Sie ist nicht die Herrin der Tiere, denn im Paläolithikum haben wir es noch mit wilden, freien, noch nicht domestizierten Tieren zu tun.

Wilde und freie, noch nicht herrschaftlich-domestizierte Tiere in der Erdbauchhöhle von Lascaux, hier mit der typischen Lunarsymbolik, den zu- und abnehmenden Hörnern (Croissants) von Frau Mond, welche das Rund der Vollmondin einschließen. Um dies darzustellen wurde rechts die natürliche Perspektive der Hörner bewusst verändert; Périgord-Dordogne, Aquitanien, Frankreich

Gott die MUTTER als die Mutter der Tiere

In der Steinzeit, der Zeit der Heiligen Erdbauchhöhlen, der Zeit der Heiligen Vulva als Tor zum Leben und der Zeit der Heiligen Steine besteht eine auffallend enge Verbindung zwischen den Menschen und den Tieren, die Vertrauen und Einssein widerspiegeln. Es scheint so, als ob der Mensch sich als Wesen unter anderen Wesen gefühlt hat, ohne die heutige auf Herrschaft beruhende menschliche „Primaten"-Arroganz und Dominanz. Die Menschen aßen die Tiere, die sie durch die Jagd erlegten, aber sie beraubten sie weder der Freiheit noch behandelten sie sie mit Verachtung, wie in unseren Zeiten die auffallend häufigen tierischen Schimpfwörter, wie dumme Kuh, Drecksau, Hornochse, Schwein, dumme Gans - um nur einige zu nennen – , aber auch die tierverachtende Massentierhaltung der Landwirtschaft zeigen. Eine Reihe von Göttinnen wie die griechische **Artemis**, die römische **Diana**, aber auch die sumerische **Ishtar** tragen den späteren Namen „**Herrin der Tiere**", gelten aber gleichzeitig als **Göttin der Jagd**, was ein Paradoxon ist, denn Wilde Tiere bedeuten freie, noch nicht der Herrschaft der Menschen unterworfene Tiere. Interessant ist dabei, dass die Göttinnen, die als „Herrin der Tiere" bezeichnet werden, ein vertrauensvolles Verhältnis zu den Tieren haben, was auf das ursprüngliche, paläolithische Verständnis der **Mutter der Wilden Tiere** zurückzuführen ist.

Oben die Göttin Ishtar mit Pudenda-Dreieck als Mutter der Wilden
Tiere, hier von Gans/Ente, Fisch, Schildkröte, Louvre, Paris und unten
die Göttin Medusa/Gorgo, die während der Geburt von Löwinnen als
Hebammen unterstützt wird, Perugia, 600 v.u.Z.

128

Die bekannte Statue der „Göttin Artemis aus Versailles" (griechisch) oder „Diana aus Versailles" (römisch), die als Mutter der Wilden Tiere gleichgesetzt wurden, Louvre Paris

Sprachlich wird Herrin von Herr abgeleitet. Damit soll bereits suggeriert werden, dass das Weibliche vom Männlichen abgeleitet wird, was aber erstmals in der patriarchal-monotheistischen Theologie, also circa 650 v.u.Z. angedacht wurde. Wir haben es in dem Begriff Herrin in Verbindung mit Wilden Tieren also mit einer der typischen patriarchalen Überlagerungen einer ursprünglich ganz anderen Beziehung zu tun, so wie wir es auch bei den „Kriegsgöttinnen" oder auch bei der christlichen Maria finden, wenn diese als Siegesgöttinnen missbraucht werden. Tatsächlich wurzeln diese Göttinnen in einer Zeit der JägerInnen und SammlerInnen, also in paläolithischen und mesolithischen (epi-neolithischen) matrifokalen Gemeinschaftsformen, wo Herrschaft und Krieg noch unbekannt waren.

Die Vulva als Tor zu neuem Leben
Neben den Tieren werden in den paläolithischen Höhlen häufig Vulvas dargestellt. Und hier erkennen wir noch einmal deutlich die eigentliche Bedeutung der Höhlenmalereien. Es geht nicht um Kunst, um der Kunst willen. Tatsächlich geht es, wie Abbé Breuil erkannt hat, um **Religion**. Der Vater-Gott der Sixtinischen Kapelle existiert aber zu diesem Zeitpunkt noch gar nicht in der Vorstellung der Menschen. Im Alltag erfahren die Menschen Gott die MUTTER, die sie im Kreislauf des Lebens wiedergebären wird, wie sie es in den Zyklen der Natur täglich (Sonnenaufgang / Sonnenuntergang), monatlich (die Phasen von Frau Mond) und jährlich (Jahreszeiten und Sternenbewegungen) beobachten können.

Wiedergeboren werden sie durch die **Vulva**, weshalb die Vulva oder das schematische **Pudenda-Dreieck** (Schamdreieck) auch so häufig in diesem Zusammenhang zu finden sind. Die bisher älteste, wissenschaftlich dokumentierte Vulva-Darstellung wurde von einem ForscherInnenteam um Randall White von der New York University im **Abri Castanet** entdeckt. Sie wurde in dem schon von den NeanderthalerInnen für Höhlenbestattungen verwendeten **roten Ocker** ausgeführt und wird auf 35 000 v.u.Z. datiert. (SPIEGELONLINE, Früheste Wandkunst in Frankreich; 15.5.2012). Eine Übersichtskarte über die zahlreichen **Vulvafunde im Vézère-Tal** zeigt die nächste Abbildung.

1 Les Eyzies-de-Tajac
2 Abri du Poisson
3 Laugerie-Haute
4 Abri Cellier (Tusac)
5 La Ferrassie (Savignac-de-Miremont)
6 Abri Castanet (Sergeac)
7 Montignac
8 Lascaux
9 Les Combarelles
10 Laussel

Périgord-Dordogne in Aquitanien

La Vézère

La Beune

Übersichtskarte der Vulvafunde im Gebiet des Vézère-Tals. Die Grotte des Combarelles mit ihren zahlreichen Frauen- und Vulvaritzzeichnungen, aber auch die berühmte Urmutter von Laussel mit dem Horn von Frau Mond, befinden sich nur wenige Kilometer entfernt von Les Eyzies-de-Tayac im Tal der La Beune

Vulva aus Laugerie Haute, Les Eyzies-de-Tayac; Prähistorisches Museum Périgord-Dordogne in Aquitanien

131

Vulva vom Abri du Poisson, Les Eyzies-de-Tayac, Prähistorisches Museum; Périgord-Dordogne in Aquitanien

Beeindruckend ist auch die Vulvaritzzeichnung vom **Abri Cellier** bei **Tursac**, die ebenfalls im Prähistorischen Museum in **Les Eyzies-de-Tayac** zu sehen ist. In Tursac wurde auch eine **kopflose Urmutter** gefunden, die heute im Museum Saint-Germain-en-Laye, bei Paris ausgestellt ist.

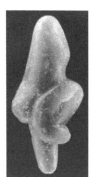

Kopflose Urmutter von Tursac (23 000, v.u.Z.) und Vulvaritzzeichnung Abri Cellier bei Tursac

Besonders bekannt und ebenfalls nur wenige Kilometer von Les Eyzies-de-Tayac entfernt, ist die **Urmutter von Laussel** mit dem **dreizehnkerbigen Horn von Frau Mond**. Die Zahl dreizehn verweist auf die dreizehn Monate des alten Mondkalenders, aber die andere Hand der Urmutter zeigt auch auf den Ort der Wiedergeburt, die Vulva. Hier können wir also noch einmal ganz deutlich die Urmutter nicht einfach nur als Fruchtbarkeitssymbol, sondern in ihrer wesentlich größeren Bedeutung als **Kosmische Mutter** erkennen. Die aus dem Fels gehauene **Urmutter von Pataud** mit dem ebenfalls markierten Pudenda-Dreieck nimmt das allgegenwärtige Thema der Steinzeit noch einmal auf: Es geht um die Mutter, und im naturwissenschaftlich-religiösen Verständnis um Gott die MUTTER.

Urmutter mit heiligem Bauch und Pudenda-Schamdreieck sowie dem dreizehnkerbigen Mondhorn aus Laussel, 25 000 bis 20 000 v.u.Z., Périgord-Dordogne in Aquitanien

Urmutter aus dem Abri Pataud (21 000 v.u.Z.) bei Les Eyzies-de-Tayac

Eine weitere Vulva-Fundstelle ist der **Abri La Ferrassie**. Diese ist von besonderem Interesse, da dort sieben Skelette von **Mulier-Homo neanderthalensis** gefunden wurden, die dem **Moustérien,** dem Mittelpaläolithikum (120 000 bis 40 000 v.u.Z.) zugeordnet werden. Dieser Fund gilt als die **älteste NeanderthalerInnen Bestattung** in Europa, wobei an diesem Ort in der oberen Schichtfolge auch kulturelle Hinterlassenschaften und Menschenreste des Cro-Magnon-Menschen gefunden wurden, die dem **Aurignacien**, der jüngeren Altsteinzeit zwischen 40 000 und 30 000 v.u.Z. zugeordnet und der Ausbreitung von **Mulier-Homo sapiens** in Europa zugerechnet werden. (Wikipedia, Stichwort La Ferrassie).

Der Ursprung von Sprache und Religion in der Evolution des Menschen

Hier stellt sich die Frage: Wie alt ist nun die Religion von Gott der MUTTER? Voraussetzung für Religion ist die **Fähigkeit zu symbolischer Tätigkeit**. Tatsächlich können wir diese Fähigkeit schon bei **Mulier-Homo erectus** feststellen. Die Fähigkeit, sich symbolisch zu artikulieren, hält der Sprachforscher Harald Haarmann wiederum für eine elementare Vorbedingung für die **Verwendung von Sprache**. Bei den **NeanderthalerInnen** können wir die **Ablage von Toten in Höhlen**, die **Verwendung von Ocker**, aber auch **Bestattungsbeigaben von Muscheln** feststellen. So finden wir zum Beispiel eine perforierte Muschel mit Pigmentierung, die der Gattung **Pecten maximus** angehört, also eine „Jacobsmuschel" ist, in der Höhle (Cueva) Antón in Mula bei Murcia in Spanien. Diese wird dem Mittleren Paläolithikum (50 000 v.u.Z.) und damit den NeanderthalerInnen zugeordnet. (Museo Evolución Humana, Burgos). Gleichzeitig gibt es für diese Hominidenspezies auch als anthropologisches Merkmal für Sprachgebrauch die Ausbildung des **Sprachknochens**. (Haarmann, Harald; 2010, S. 30). Das bedeutet: Die NeanderthalerInnen konnten nicht nur sprechen, sondern sie hatten auch eine Religion.

Für **Mulier-Homo erectus** fehlen physische Dokumentationen wie ein Sprachknochen bisher, aber tatsächlich gibt es zahlreiche Funde, die erkennen lassen, dass **Mulier-Homo erectus** die Fähigkeit hatte zu symbolischen Ausdrucksformen. Haarmann schließt daraus:

„Damit ist auch klar, dass diese Hominiden-Spezies die Voraussetzung dafür hatte, abstrakte lautliche Symbole

(d.h. Sprache) zu verwenden". (Haarmann, Harald, 2010, S. 31).

Von besonderer Bedeutung ist ein Fund, der eindeutig einer **religiösen Idee** zugeordnet wird und zwar der **Idee eines Bärenkultes**.

Über diesen Bärenkult schreibt Haarmann:

*„In einer Höhle (Azych-Höhle) in der Region **Berg-Karabach** im westlichen Teil Aserbaidschans wurden in den 1980er Jahren Siedlungsspuren des Homo erectus gefunden. Auffallend an dem Fund war die Anordnung der Artefakte um eine Feuerstelle, auf deren Seite ein Bären-schädel platziert war ... Der Bärenschädel verdient beson-dere Aufmerksamkeit, denn in dessen Oberfläche sind ab-strakte Zeichen eingekerbt. Der sowjetische Archäologe, der die Höhle untersucht hat, sagt zur Entstehung der eingekerbten Zeichen auf dem Schädel: „Sämtliche Kerben sind mit einem spitzen Werkzeug mit beidseitigen Kanten gemacht worden. Die Kerben scheinen im Zusammenhang mit bestimmten **religiösen Ideen** der Azych-Leute zu ste-hen". (Gusejnov, 1985: 68). Diese Fundanalyse wird zur Sensation, wenn man das Alter der Höhlensiedlung dazu in Beziehung setzt: Die Datierung liegt bei 430 000 Jahren. Dieser visuelle Beweis für intentionale symbolische Tätig-keit stammt demnach aus der Spätphase der Existenz des Homo erectus. Gleichzeitig ist dieser Fund geeignet, das hohe Alter des **Bärenkultes** zu demonstrieren". (Haar-mann, Harald; 2010, S. 30).*

Dieser sehr frühe Nachweis eines **religiösen Bärenkul-tes** hat auch eine große Bedeutung für den Muschelweg, werden wir doch im zweiten Band sehen, dass der Bärenkult der Religion von Gott der MUTTER zugeordnet werden kann. Dort am Muschelweg, finden wir den Bärenkult nicht nur im **Bärental** der berühmten **Madonna von Orcival** (ours= Bär franz.; siehe auch die **baskische Wassersilbe Ur**), sondern wir finden ihn auch in der Hauptstadt Spaniens, in **Madrid**, deren Name ja bis heute Mutter bedeutet. In der Tradition der Bärenmutter, die bis heute die Namensgeberin der **Gebärmutter** ist, steht auch der Sternenkult des Sternenbilds der Großen Bärin **Ursa major**, der Kult der Göttin Artemis als **Artemis Kallisto** (Mutterwurzelsilbe Kall!) und der Kult der katholischen Heiligen **Ursula** mit ihren **11 000 Jungfrauen**, auf den der **Kölner Karneval** mit seinen Narrenschiffen zurückgeht. Barken und Schiffe gehören zur Wiedergeburtsreligion von Gott der MUTTER und Kirchenschiffe sind tatsächlich nur eine Imitation der steinzeitlichen Höhlenkathedralen. Natürlich gehört der Kölner Dom zum deutschen Muschelweg und ist wie die frankokantabrischen Höhlen **UNESCO-Weltkulturerbe**. Hier schließt sich der Kreis: denn in dem Wort **Karneval** finden wir, wie in **Berg Karabach** in Aserbaidschan die Mutterwurzelsilbe Kar, die sowohl **Stein** aber auch **schwarz** oder **dunkel** bedeutet, und in Karneval finden wir zusätzlich mit **val** die steinzeitliche Kall-Silbe, die ebenfalls den Mutterwurzelsilben zuzuordnen ist.

Haarmann weist darauf hin, dass Grundfarbwörter eine große Rolle spielen bei der „Rekonstruktion des Wortschatzes grundsprachlicher Protoformen". Für die Silbe **kar** als **schwarz** und **dunkel** lässt sich dies, laut Ruhlen, folgendermaßen rekonstruieren:

Die Silbe kar für schwarz und dunkel:
nostratisch=k´arä
proto-afroasiatisch=k´r/kr
proto-indoeuropäisch=ker-/ker-s
proto-altaisch=karä
proto-dravidisch=kar/kar
japanisch=kuroi
amerind=k´ara
(Ruhlen, 1994, S. 225 in Haarmann, Harald; 2010, S. 144)

Religionsmythologisch lässt sich die Silbe **kar** in der steinzeitlichen Bedeutung von **schwarz** sehr gut einordnen. So finden wir sie in heiligem mütterlichem Kontext in den **Schwarzen Madonnen**, die auch heute noch **Hauptwallfahrtsorte** sind. Am Muschelweg besonders berühmt ist in diesem Zusammenhang der **Schwarze Heilstein von Le Puys-en-Velaye** mit seinen Schwarzen Madonnen. Auch im Kölner Dom treffen wir auf einen Schwarzen Stein, wird doch der Hochaltar durch eine schwarze Marmorplatte gebildet, die mit einer Gesamtfläche von 9,58 Quadratmetern zu den größten weltweit zählt. Die Vorderseite des Altars zeigt im Zentrum, wie könnte es auch anders sein, die Krönung der Maria. Die Verbindung der Farbe Schwarz in heiligem mütterlichem Kontext gilt übrigens nicht nur für das Christentum, sondern gleichermaßen für den Islam, dessen Hauptwallfahrtsort der **Schwarze Stein der Kaaba in Mekka** ist.

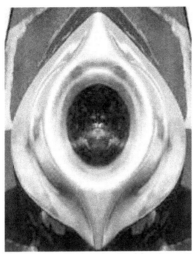

Der Schwarze Stein der Kaaba in Mekka in seiner vulvaförmigen
Einfassung, entnommen aus Sanyal, Mithu, M. 2009, S. 37

Mithu M. Sanyal schreibt über den Schwarzen Stein der
Kaaba:

*„Sogar der berühmte schwarze Meteorit, der sich in der
südöstlichen Ecke des aus heutiger Sicht männlichsten
aller Heiligtümer befindet, der Kaaba in Mekka, ist von
einem silbernen Band in Form der Vulva umrandet und
stellte nach dem arabischen Philosophen al-Kindi (805-
875) ursprünglich tatsächlich die* **Vulva der Mondgöttin
Al'Uzza** *dar. Al'Uzza ihrerseits ist ein Aspekt der dreifalti-
gen Göttin* **Al'Lat***, die – und nicht Allah, das ist inzwischen
anerkannt – in vorislamischer Zeit in der Kaaba angebetet
wurde.   Noch immer ist das Ziel eines jeden Pilgers, der
nach Mekka kommt, den Meteorit zu küssen oder wenig-
stens zu berühren; noch immer umrunden die Gläubigen
die Kaaba siebenmal, um ihre weltlichen Sünden abzulegen, so wie Ishtar ihre sieben Schleier an den sieben Toren*

zur Unterwelt ablegte (und während die Gläubigen Allah nahe kommen wollen, kommt Ishtar zu Allatu, so einer der vielen Namen für Ereshkigal) und noch immer heißen die sieben Priester der Kaaba beni shaybah, also „Söhne der alten Frau". (Sanyal, M. Mithu; 2009; S. 36/37).

Gott die MUTTER ist schon in den Höhlen des Paläolithikums die Kosmische Mutter, die in den Farben **Rot**, **Weiß** und **Schwarz** verehrt wird. (Armbruster, Kirsten; 2013, S. 18/19). Das ist einer der Gründe, weshalb die farbigen Höhlenmalereien auch immer in Rot und Schwarz gestaltet und die Toten mit Ocker beigesetzt werden. **Rot** steht für das heilige Menstruationsblut der Frauen, das Voraussetzung ist, um Mutter zu werden, aber es steht auch im Verständnis der Kosmischen Mutter für die Morgenröte und das Rot des Sonnenuntergangs. **Weiß** steht für die Muttermilch und für die Knochen. Weiß spiegelt sich auch in den Sternen, weshalb wir bis heute von der Milchstraße sprechen, aber auch in der Farbe von Frau Mond, deren Hörner bis heute typisch französisch als Croissants geformt werden. Nicht zufällig sprechen wir von der **Mondmilch** und meinen damit das **Manna des Morgentaus**, durch das die Frauen schwanger werden. Interessanterweise heißt bis heute ein Teilabschnitt der Grotte de Lascaux, wie auf obiger Schemenzeichnung zu lesen ist: **Galerie du Mondmilch**. Und welche Bedeutung hat nun die Farbe **Schwarz**?

Die religionsmythologische Bedeutung der Farbe Schwarz:
In der Schwärze des Mutterbauchs, in der Schwärze der Erdbauchhöhle, in der Schwärze der Nacht, in der dreitägigen schwarzen Phase von Frau Mond und in der Dunkelheit des Winters geschieht die Magische Wand-

lung des Todes in neues Leben. Und auch die fruchtbare Humuserde, aus der neues Leben entstehen kann, ist, durch die beim organischen Abbau entstehenden Humin-säuren pechschwarz. Die Farbe Schwarz steht also in besonderem Zusammenhang mit dem mütterlichen Kreislauf des Lebens. Bis heute kleiden sich die Menschen bei Begräbnissen in vielen Kulturen in Schwarz oder Weiß.

Interessant ist in diesem Zusammenhang, dass die Landschaft des Périgord-Dordogne die kosmischen Farben der Mutter bis heute erhalten hat. Neben dem Périgord Vert, dem grünen Périgord, gibt es noch das Périgord Blanc, das Périgord Pourpre und das Périgord Noir, also das weiße, purpurrote und schwarze Périgord.

Das Périgord hat bis heute die Farben der Kosmischen Mutter in der Landschaft erhalten;
Wikimedia Commons; User www.arachnis.asso.fr

Die Silbe **kar** hat neben Stein und Schwarz eine weitere Bedeutung im mütterlichen Kontext bewahrt. Das englische **care** bedeutet bis heute Fürsorge, Betreuung, Pflege und auch das Französische Wort **caresser** für liebkosen, streicheln, hätscheln hat seinen fürsorglichen Charakter bewahrt. **Fürsorge** ist bis heute eng verbunden mit **Müttern**. Tatsächlich steht die Fürsorge in besonderem Maße am **Anfang der Menschwerdung,** denn das sehr unreif geborene Menschenkind ist ein „Nesthocker" mit besonders langer Reifezeit. Ohne die Fürsorge der Mutter und ohne die Fürsorge der Großmutter, der Ahnin in matrilinearer Abstammung, hätte sich der Mensch evolutionsbiologisch nicht so entwickeln können. Wir erkennen an dieser Stelle zwei Dinge sehr deutlich: einerseits die große Bedeutung der AhnIn und der AhnInnensippe für die Menschwerdung, die sich bis heute im **Anna-Wasser-Kult** ausdrückt. Wir sehen aber auch sehr deutlich an der Silbe **kar/car**, dass sich Sprache aus der engen Beziehung zwischen Mutter und Säugling entwickelt hat. Nicht umsonst sprechen wir bis heute von **Muttersprache**, nicht umsonst sind Frauen bis heute sprachbegabter als Männer. Es macht daher Sinn bei den ersten Silben von Menschen von **Mutterwurzelsilben** zu sprechen, wie es in diesem Buch ja bereits angewendet wird. **Mutterwurzelsilben sind die Grundlage von Sprache**. Und wir können davon ausgehen, dass diese Mutterwurzelsilben schon sehr früh in der Evolutionsgeschichte des Menschen von den Müttern als Kommunikationsmittel entwickelt wurden.

Kommen wir noch einmal auf die menschliche Fähigkeit zurück, sich durch Symbole auszudrücken. Die Fähigkeit zu symbolischen Ausdrucksformen kann nämlich nicht nur bei **Mulier-Homo erectus** und **Mulier-Homo**

neanderthalensis beobachtet werden, sondern ebenso bei **Mulier-Homo heidelbergensis**. Ritzungen auf Knochen werden nicht nur in Tschechien und in Bilzingsleben in Deutschland Mulier-Homo heidelbergensis zugeordnet (600 000 bzw. 400 000 v.u.Z, Museo de la Evolución Humana, Burgos). Tatsächlich finden wir von **Mulier-Homo heidelbergensis** auch zwei Urmütterfigurinen, die zeigen, dass die Anfänge der Symbolik im mütterlichen-religiösen Zusammenhang bereits bei dieser Hominidenart zu finden sind. Hierbei handelt es sich um **die Urmutter von Tan Tan aus Marokko** und **die Urmutter von Rebekhat Ram aus den Golanhöhen in Israel/Syrien**. Beide stehen in engem Zusammenhang mit der sie umgebenden Landschaft. (Armbruster, Kirsten, 2010; S. 61-63).

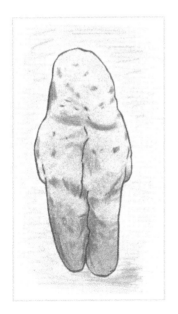

Die Urmutter von Tan Tan in Marokko mit Spuren von rotem Ocker; Datierung: 300 000 bis 500 000 v.u.Z

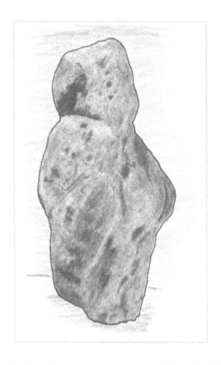

Die Urmutter von Re-
bekhat Ram aus den
Golanhöhen
(Israel/Syrien);
Datierung: 250 000 bis
280 000 v.u.Z.

Die Urmutter von Tan-Tan in Marokko, wurde von dem
deutschen Archäologen Lutz Fiedler 1999 südlich der
marokkanischen Stadt Tan-Tan in den Ablagerungen
eines Flusses auf der Nordseite des Wadi Draa entdeckt.
Ihr Alter wird zwischen 300 000 und 500 000 Jahre geschätzt. Sie wurde zwischen zwei Schichten entdeckt,
von denen die eine auf 500 000 v. u. Z. und die andere
auf 200 000 v. u. Z. datiert werden kann (www.visual-
arts-cork.com). An der Figurine befanden sich Spuren
von **rotem Ocker**. Die Urmutter kann in enge Beziehung
gesetzt werden zu der, durch den Verlauf des Waadi
Draa ausgeformten Landschaftsahnin. Die Urmutter von
Berekhat Ram ist zwischen 250 000 und 280 000 Jahre
alt und wurde im Sommer 1981 von der israelischen
Ärchäologin Naama Goren-Inbar von der Hebräischen
Universität Jerusalem bei einer Ausgrabung in Berekhat

144

Ram auf den Golanhöhen gefunden. Sie ist aus **rotem Tuffstein**. Professor Alexander Marshack von der Harvard-Universität bestätigt aufgrund einer mikroskopischen Untersuchung, dass es sich bei der Urmutter von Berekhat Ram um eine mit einem Werkzeug bearbeitete Figur handelt. (www.utexas.edu/courses/classicalarch/readings/Berekhat_Ram.pdf und Museo Evolución Humana, Burgos).

Kannibalismus als AhnInnenkult

Kommen wir in diesem Zusammenhang noch einmal auf die im letzten Kapitel beschriebenen ältesten menschlichen Spuren in **Atapuerca** am **Muschelweg bei Burgos** zurück, die **Mulier-Homo antecessor** zugeordnet werden und **1,3 Millionen Jahre** alt sein sollen. Diese hominiden Fossilien wurden in den Höhlen von Atapuerca gefunden. Im Museo Evolución Humana in Burgos finden wir dazu, eher beiläufig, die Hypothese, dass es zum Beispiel in der **Höhle Sima de los Elefante** in der Schicht T 6, wo die meisten der „Opfer" **Kinder und Teenager** waren, Anzeichen gäbe für **Kannibalismus**. Leider gibt es keine weiteren Erklärungen dazu und so entsteht natürlich schnell der Eindruck, dass die frühen Hominiden Barbaren gewesen wären. Kannibalismus lässt sich mit Sicherheit immer nur dann nachweisen, wenn in menschlichen Fäkalien menschliches Myoglobin nachgewiesen werden kann. Das ist bei einem so hohen Alter der Knochen natürlich nicht möglich. Weitere Hinweise auf Kannibalismus sind zum Beispiel, wenn Knochen Feuerspuren vom Kochen aufweisen oder in typischer Weise zerbrochene Knochen und Schabespuren gefunden werden. Die Annahme von Kannibalismus in Atapuerca ist also eher spekulativ. Sollte es aber tatsächlich

Kannibalismus gegeben haben, so weist die auffällige Häufung von Kindern und Teenagern in dieser Grabungsschicht nicht auf Barbarei, sondern eher auf einen **AhnInnenkult**. Barbara Walker schreibt über Kannibalismus:

„Die abendländische Moral hat Massentötungen immer erlaubt und sogar gefördert, vorausgesetzt, dass die Toten nicht zur Nahrung der Lebenden wurden. Es ist bekannt, dass das Ende der Menschenopfer und des Kannibalismus in der Antike nicht bedeutet hat, dass das Abschlachten von Menschen allgemein zurückging oder aufhörte. Im Gegenteil, das Ausmaß von Kriegen wuchs beständig mit dem Aufstieg der Zivilisation, bis zu dem Punkt, an dem die hochtechnisierten Zivilisationen heute stehen und wo sie in der Lage sind, die gesamte Welt auszulöschen. Außerdem finden sich die umfangreichsten Listen von Gefallenen in eben den Ländern, die sich christlich nennen". (Walker, Barbara; 1995, Stichwort Kannibalismus).

Was bedeutete aber **Kannibalismus** bei vielen der Naturvölker ursprünglich? Walker hat auch dazu das Alte Wissen zusammengetragen. Sie fährt fort:

*„Die Naturvölker glaubten, dass wer neu geboren werden wollte, zuerst in den Körper einer Frau eingehen musste. Der einfachste Weg, das zu erreichen, war, von einer Frau gegessen zu werden. Aus dieser Wurzel entspringt die weltweite Lehre der Rein**kar**nation: wörtlich übersetzt. das Wieder-in-Fleisch-gekleidet-Werden. Vor der Entdeckung des Vorgangs der Befruchtung freute sich ein sterbender Mensch darauf, von einer der Stammesmütter wiedergeboren zu werden, die sein Fleisch und Blut in das eines Neugeborenen verwandeln würde. Die Auferstehung*

kam von der mysteriösen Magie der Frauen, die wie die Erde immer wieder neues Leben schenkten. Von den Eingeborenenfrauen Australiens ist bekannt, dass sie ihre gestorbenen Kinder aßen, dann malten sie die Knochen rot an und hängten sie über sich auf: eine einfache Magie, um die Rückkehr der Kinder in die Gebärmutter zu ermöglichen; ihre Knochen wurden erneut mit dem lebenspendenden mütterlichen Blut umgeben". (Walker, Barbara, 1995, Stichwort Kannibalismus).

Sollte es also in den Höhlen von Atapuerca tatsächlich **Kannibalismus** gegeben haben, so deutet viel darauf hin, dass es sich um einen solchen **AhnInnenkult** gehandelt hat. Das würde aber bedeuten, dass **Religion schon vor 1,3 Millionen Jahren** existiert hätte und zwar eine mütterliche Religion. Zwei Dinge sind interessant in diesem Zusammenhang. Erstens, dass wir die **Muttersteinzeitsilbe kar/car** bis heute auch in der Verbindung mit **Fleisch** kennen, denn schließlich sprechen wir bis heute von **Karnivoren** als Fleischfressern. Interessant ist aber auch, dass das Christentum bis heute diesen **kannibalischen AhnInnenkult** patriarchal imitiert hat und zwar in der **katholischen Eucharistiefeier**, die im neuen Testament auf die Worte Jesu in Johannes 6 zurückgeht und **Ewiges Leben** verspricht. In der Synagoge zu Kapernaum ist dazu folgende Situation überliefert:

*„Die Juden stritten nun untereinander und sagten: Wie kann dieser uns sein Fleisch zu essen geben? Da sprach Jesus zu ihnen: Wahrlich, wahrlich, ich sage euch: Wenn ihr nicht das Fleisch des Sohnes des Menschen esst und sein Blut trinkt, so habt ihr kein Leben in euch selbst. **Wer***

mein Fleisch isst und mein Blut trinkt, hat ewiges Leben, und ich werde ihn aufwecken am letzten Tag....
(Bibel, Johannes 6, 52-55).

Die bereits bekannte christliche Verkehrung bedeutet aber auch in diesem Fall, dass der matrilineare AhnInnenkult noch zu Zeiten Jesu im Nahen Osten bekannt war. Tatsächlich finden wir ihn nicht nur dort, sondern weltweit und zwar noch wesentlich länger, was Felszeichnungen in Australien und in Amerika der wiedergebärenden Mutter deutlich zeigen. Nach Australien gelangte, nach heutigen Erkenntnissen nur Mulier-Homo sapiens. Die älteste dort bisher gefundene Beisetzung ist die des sogenannten Mungo Manns, bei dem ebenfalls, wie in Europa, Ockerspuren gefunden wurden. Die Datierung dieser Fossilien liegt bei 36 000 Jahren v.u.Z. und verläuft parallel zu den Funden von Mulier-Homo sapiens im frankokantabrischen Landschaftsraum. Durch die isolierte Lage des Kontinents hat sich das alte Mutterwissen der Menschengattung in Australien besonders lange gehalten, denn dort finden wir noch Wiedergeburts-Höhlenzeichnungen, deren Entstehungszeit auf 1000 n.u.Z. datiert wird. Auch in Amerika ist eben dieser AhnInnenkult überliefert, wie Felszeichnungen der **Anasazi** in Colorado zeigen. Dort ist im Stammesnamen sogar noch die **Anna-Silbe** überliefert.

Felszeichnung der wiedergebärenden Mutter in Australien, Nourlangie Rock, Kakadu, Darwin, Australien, Datierung:**1000 n.u.Z**; Museo Evolución Humana, Burgos

Felszeichnung der Anasazi in typischer Gebärhaltung und auch in Europa bekannten Händeabdrücken, Mesa Verde; Colorado; Estados Unidos; Datierung: **513-1278 n.u.Z.;** Museo Evolución Humana, Burgos

Diese typische Gebärhaltung ist auch im Euroasiatischen Landschaftsraum weit verbreitet, zum Beispiel in Göbekli Tepe, in Nevali Cori und in Chatal Höyük in der Türkei, aber wir finden sie auch in Afrika zum Beispiel bei den Dogon, bei den Hopi in den USA, aber auch in Indien und China. (Armbruster, Kirsten; 2010, S. 81-86). Ebensolche Parallelen lassen sich bei den häufigen Handabdrücken ausmachen.

Von Pech-Marie und Gold-Marie
Der auf der oberen Felszeichnung zu sehende Händeabdruck kommt ebenfalls nicht nur in Amerika, sondern auch in den frankokantabrischen Höhlen vor. Besonders bekannt sind die Hände in der Höhle Pech Merle. Die Höhle **Pech-Merle** in der Gegend Cabrerets-Lot, die viele PilgerInnen besuchen, die auf der Muschelwegroute zwischen der **Schwarzen Madonna von Rocamadour** und **der Höhlen-Madonna von Lourdes** entlang wandern, enthält viele Höhlenmalereien, die zwischen Aurignacien (28 000 v.u.Z) und Magdalénien (15 000 v.u.Z.) datiert werden. Neben Mammuts, Auerochsen, Bisons und **kopflosen Frauen-Bisonfiguren**, wurde auch ein **Bärenschädel** mit Einritzungen gefunden (Bärenkult!). Besonders bekannt sind die in Rot und Schwarz gemalten Pferde mit auffallend runden Bäuchen, in Verbindung mit zahlreichen Punkten und Handabdrücken. Die Handabdrücke werden ihrer Größe wegen am ehesten Frauen zugeschrieben. (Thierry, Felix; Aubarbier, Jean-Luc; 2011, S. 108/107). Dies stimmt auch mit den neuesten Erkenntnissen von dem US-Anthropologen Dean Snow überein, der nachweisen konnte, dass Drei Viertel der Handabrücke in den frankokantabrischen Höhlen von Frauen stammen. (derStandard.at; 16. 10. 2013).

Pferde, Punkte und Handabdrücke in der Erdbauchhöhle von Pech-Merle, Cabrerets-Lot, Frankreich, Wikimedia Commons, User Kersti Nebelsiek

Was bedeuten diese Handabdrücke? Tatsächlich haben wir auch hier, bis heute, eine religiöse Verbindung zwischen Müttern und Händen als Schutzzeichen überliefert, zum Beispiel bei der **Hand der Fatima**, die auch Hamsa oder Chamsa (arab. fünf) genannt wird.

Die Hand der Fatima, ein bis heute im Orient weit verbreitetes Schutzsymbol. Dieses Schutzsymbol war nicht nur bei den Moslems, sondern auch bei den Juden bekannt, was in der Synagoge in Cordóba in Andalusien (Spanien) bis heute tradiert wird.

Der Name „Hand der Fatima" geht auf **Fatima** (606–632 n.u.Z.), die jüngste Tochter des Propheten Mohammed mit seiner ersten Frau Chadidscha, zurück. Sie wird verehrt als „sündenfreie" **Jungfrau**. Da ihre Kinder als einzige bis ins Erwachsenenalter am Leben blieben, ist sie zugleich Mutter der Aliden aber auch **Mutter aller Nachkommen des Propheten** und Vorbild für die heutigen Mütter. (Wikipedia, Stichwort: Hand der Fatima). Tatsächlich verweist die patriarchale Fixierung auf „Jungfrau" immer auf die aseitätische-parthenogenetische Gott die MUTTER zurück, die natürlich auch in heute islamischen Ländern verehrt wurde und deren Relikte wir dort in der Fatima, aber auch in der **Mondsichel** auf jeder Moschee finden.

Interessant ist im Zusammenhang mit diesen Handabdrücken auch der Name der paläolithischen Höhle **Pech-Merle**. Im Namen ist das **Schwarz des Pechs**, aber mit **Mer** auch die Mutter enthalten und so können wir den Namen der Höhle Pech-Merle auch als **Pech-Schwarze Mutter** übersetzen. Natürlich ist es kein Zufall, dass die Höhle heute auch **Pech-Marie** genannt wird, was auf eine uralte sakrale Bedeutung hinweist, denn tatsächlich ist Marie oder Maria als Name für die göttliche Mutter nicht christlich, sondern wesentlich älter, was gerade in dieser Landschaft nördlich der Pyrenäen mit der baskischen Göttin Mari auch für Europa überliefert ist. Tatsächlich ist es in dieser Höhle pechschwarz, wenn kurzzeitig das Licht ausgeschaltet wird, und in dieser Schwärze der Erdbauchmutter erkennen wir auch noch mal sehr deutlich den heiligen Schwarzen Aspekt der Kosmischen Mutter.

Die Pech-Marie

Pech ist eine schwarze zähe Masse, die aus Baumharz gewonnen werden kann und deren Verwendung seit dem Paläolithikum, in Deutschland z.B. durch den Fund in Königsaue (50 000 v.u.Z.) archäologisch belegt ist. Eine Hauptverwendung des Pechs war das Abdichten von **Schiffen**. Interessant ist in diesem Zusammenhang auch, dass die Höhle **Pech-Merle** in anderen Publikationen „**Pech-Marie**" genannt wird, was ein weiterer Hinweis darauf ist, dass hinter der Maria gerade in ihrer schwarzen Erscheinungsform als **Schwarzer Madonna,** die uralte seit der Steinzeit verehrte Kosmische Mutter steckt und nicht die Magd des Herrn, zu der sie das Christentum degradiert hat. Unter diesem Aspekt bekommt auch das Märchen von **Pech-Marie und Gold-Marie** noch einmal eine ganz andere Bedeutung, denn die Pech-Marie gilt in den Grimmschen Märchen als faul und hässlich. Tatsächlich stellt sich aber die Frage, ob die Pech-Marie nicht viel eher auf die nicht vom Mann für seine patriarchale Hausfrauisierung benutzte, freie, wilde Frau der ursprünglichen und natürlichen, matrifokalen Lebensweise zurückgeht, während die, den Mann bedienende, brave und sich seinen Schönheitsvorstellungen unterwerfende Goldmarie, die **hausfrauisierte Frau** des Patriarchats, die mit den Attributen schön und fleißig tituliert wird, zu späteren Zeiten mit Gold für ihre Unterordnung belohnt wird. Gold ist nicht zufällig mit den ersten hierarchischen Herrschergräbern zum Beispiel 4500 v.u.Z. in Warna am Schwarzen Meer verbunden. Tatsächlich wird uns Pech heute immer als fehlendes Glück suggeriert. Wobei im Patriarchat als höchstes Glück und schönster Tag im Leben, vor allem für Frauen, das Sakrament der Hochzeit gilt, während das Pech, das doch ursprünglich als Baumpech zum Abdichten von Schiffen eine Kulturerrungenschaft und ein Segen für die Menschen war, in Verbindung mit Teeren und Federn und in Verbindung mit Pech und Schwefel plötzlich mit Hölle, Teufel und Folter assoziiert ist. Das, was für die Menschen Trost bedeutete, nämlich die Heilung und Regeneration von Leben wird im Patriarchat dämonisiert, verteufelt und mit Schmerz belegt. Es gehört zur üblichen patriarchalen Gehirnwäsche, die Menschen von natürlichen Begebenheiten abzutrennen. Würden wir nicht unter den Dogmen manipulativer Gehirnwäsche stehen, würden wir niemals anerkennen, dass die Frau aus der Rippe des Mannes entstanden sein soll, obwohl doch jede und jeder sehen kann, dass der Mann aus der Vulva der Frau stammt. Da die wilde Frau und insbesondere die wilde Mutter heute fast in Vergessenheit geraten sind, lohnt es sich, die Märchen, die uns versteckt vom kulturellen patriarchalen Umbruch erzählen, mit dem neu erforschten religionssoziologischen Wissen, in Verbindung mit der Landschaft noch einmal ganz neu zu bewerten. In diesem Zusammenhang ist auch der Blick auf eine der verbreitetsten Libellenarten in Europa von Interesse. Es handelt sich um Ischnura elegans, die **Große Pechlibelle**. Der schmale Körper ist schwarz, wird aber durch das leuchtende Blau des Kopfes und des Hinterleibsegments überlagert. Den Namen Pech hat die Libelle wohl bekommen, weil sie sich von den üblichen **Schlankjungfern** (Jungfrau!), wie die Libellen auch genannt werden, durch die Tatsache unterscheidet, dass das Weibchen die Eier ohne die Begleitung des Männchens in Wasserpflanzen ablegt. (Kretzschmar, Erich, 2000, S. 148). Interessant ist auch, dass nicht nur in dem Gebiet Lot sondern auch in dem Gebiet Dordogne-

Périgord das Wort „Pech" in Ortsbezeichnungen häufig vorkommt und zwar immer in Zusammenhang mit steinzeitlichen Siedlungsspuren. So finden wir bei Carsac, zwischen Sarlat und Gourdon in der Dordogne **Le Pech de la Boissière**, wo Siedlungsspuren aus dem Solutréen gefunden wurden und unweit davon, den großen **Abri Pech-de-l´Azé**, der historisch dem Moustérien zugeordnet wird, weil dort ein Zahn eines Kindes von Mulier-Homo neanderthalensis gefunden wurde. (Thierry, Felix; Aubarbier, Jean-Luc, 2011, S. 76/77). Südlich von Gourdon gibt es außerdem zwei Dolmen, die die Bezeichnung Pech in ihrem Namen tragen: den **Dolmen de Pech Curet** und den **Dolmen du Pech de Gagnoulat**. Dolmen sind Begräbnisstätten, die dem Mesolithikum /Neolithikum zugeordnet werden. Eine große Anzahl von Dolmen findet sich nicht nur im frankokantabrischen Landschaftsgebiet des Muschelwegs. Dolmen finden wir auch häufig in Galicien. Dort und in Portugal werden sie **Mámoas** genannt und haben schon im Namen erhalten, dass sie der Religion von Gott der MUTTER und ihrem Wiedergeburtsglauben zuzurechnen sind.

Das TAU – ursprüngliches Symbol von Gott der MUTTER

In der Höhle **Pech Merle** im Gebiet Lot gibt es auch die Höhlenzeichnung, die „**L´homme blessé**", „verwundeter Mensch" genannt wird. Eine identische Darstellung findet sich nicht nur hier, sondern auch in der **Grotte de Cognac** im Ort Payrignac. Der Ort befindet sich im Gebiet Dordogne-Périgord in der Nähe von Gourdon, inmitten der Landschaft in der, wie beschrieben, das Wort Pech auch heute noch häufig ist.

L'homme blessé aus der Höhle Pech-Merle und oben das **Tau-Wiedergeburtssymbol** von Gott der MUTTER, in Cabrerets-Lot, zwischen dem berühmten Wallfahrtsort der Schwarzen Madonna von Rocamadour und der Stadt Cahors in der Region Midi-Pyrenées gelegen, welche den **Muschelpilgerweg** entlang der Lot und den Muschelpilgerweg Via Podensis aus Le Puys-en-Velay herkommend vereint. Die Höhle wird in anderen Veröffentlichungen auch **Pech-Marie** genannt; Datierung 25 000 v.u.Z.

Meist wenig beachtet wird bei dieser Zeichnung das Zeichen oberhalb des dargestellten menschlichen Kopfes. Zum Verständnis der dargestellten Situation ist es allerdings wesentlich. Denn es handelt sich um das **TAU-Zeichen**, das **Wiedergeburtssymbol von Gott der MUTTER**, gibt es doch die gespreizten Beine der Mutter bei der Geburt wieder. Dieses Tauzeichen finden wir häufig in paläolithischen Höhlen und tatsächlich haben wir es hier verblüffender Weise mit einem der ältesten

Buchstabensymbole zu tun, dem **T**, das, wie wir sehen werden für Gott steht, aber nicht wie heute das uminterpretierte Taukreuz für Gott den Vater und Herrn, sondern ursprünglich und wesentlich länger für Gott die MUTTER.

Sehr oft kommt dieses T auch in der **Höhle Altamira**, einer der bekanntesten Höhlen am Küsten-Muschelweg in Spanien vor, deren Zeichnungen 18 500 Jahre alt sind. Leider ist Altamira wie Lascaux II nur als Facsimile öffentlich zu besichtigen, aber trotzdem kann man dort erkennen, dass **Altamira im Paläolithikum als Wiedergeburtsort der Kosmischen Mutter** verstanden wurde.

Zahlreiche Tauzeichen lassen sich am hinteren Teil des Höhlengewölbes entdecken und ebenso viele Pudenda-Schamdreiecke. Eingebettet in mehrere TAU-Symbole findet sich dort auch eine besonders auffällige Figur, die von den heutigen Höhlenarchäologen mangels fachübergreifender religionssoziologischer Kenntnisse bisher nicht verstanden wird. In Büchern und auch in dem offiziellen Prospekt des angeschlossenen Museums wird sie daher gerne auf den Kopf gestellt abgebildet. Geht man jedoch in die Höhle hinein, so ist sie so zu betrachten, dass das Pudenda-Dreieck nach unten weist, denn so sieht man sie in der Richtung der hineingehenden BetrachterIn. Die Figur könnte eine Darstellung der wiedergebärenden Mutter sein. Mit ihrem rechten Arm verweist sie auf ein TAU-Symbol. Ihr linker Arm zeigt, wie bei der Urmutter von Laussel, auf das unten liegende Pudenda-Dreieck, dessen Spitze nach unten gerichtet ist. Ihre Beine sind spagatartig gespreizt. Rechts unten befindet sich quer dazu ein weiteres **TAU-Symbol**. Betrachtet man die Figur hingegen auf dem Kopf herum, so ergibt sie mit dem nach oben weisenden Pudenda-Dreieck keinen Sinn. Gerade in der Nähe dieser Figur häufen sich zudem zehn weitere Pudendadreiecke. Vielleicht spielt die sich öffnende Felsspalte in diesem Bereich, die wie eine Nut wirkt, bei der Platzauswahl für diese typische Wiedergeburtssymbolik ebenfalls eine Rolle.

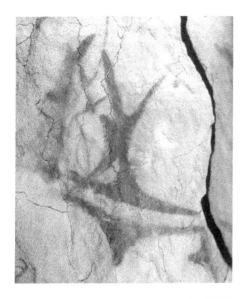

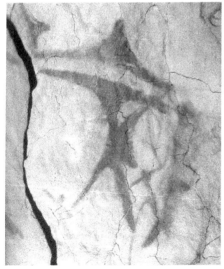

Wiedergebärende Gott die MUTTER mit nach unten weisendem Pudenda-Dreieck und mehreren Tau-Symbolen neben einer Felspalte in der Höhle Altamira, Santillana del Mar, Kantabrien (Spanien, 16 500 v.u.Z.). Oben die Darstellung in Richtung einer in die Höhle hinein gehenden BetrachterIn. Meistens wird sie aber in den Büchern, u.a. auch im offiziellen Katalog der Höhle Altamira, wie unten, mit einem nach oben weisenden Pudendadreieck in Kopfhöhe abgebildet. Dies zeugt von großer religionssoziologischer Unkenntnis und ergibt mit dem nach oben weisenden Pudenda-Dreieck keinen Sinn.

Auffallend in der Höhle von Altamira ist außerdem, dass das Deckengewölbe zahlreiche Rundungen aufweist, in die hinein, quasi in gekrümmter Embyonalhaltung, vor allem Bisons gemalt wurden, was ein weiteres Zeichen für einen Wiedergeburtsort von Gott der MUTTER ist. Nur die Hörner der Bisons mit ihrer bekannten Lunarsymbolik ragen aus diesen Rundungen hinaus.

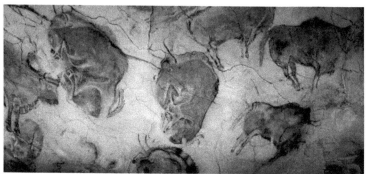

Bisons in Embryonalhaltung am Deckengewölbe der Höhle in Altamira, bei Santillana del Mar, Kantabrien, Spanien

Das **TAU-Symbol** steht auch heute noch in religiösem Zusammenhang. Im hebräischen Alphabet ist es der letzte Buchstabe, im griechischen Alphabet der neunzehnte. Das TAU steht in Verbindung mit dem Alpha und dem Omega, dem ersten und dem letzten Buchstaben des griechischen Alphabets. Im Neuen Testament finden wir Alpha und Omega in der Offenbarung des Johannes:

„Ich bin das Alpha und das Omega, spricht der Herr, Gott, der ist und der war und der kommt, der Allmächtige (1. Offenbarung, 8). Und in Offenbarung 21 wird ergänzt: *„Ich bin das Alpha und das Omega, der Anfang und das Ende. Ich will den Dürstenden aus der Quelle des Wassers des Lebens geben"* (6).

Aus der Patriarchatskritikforschung wissen wir natürlich längst, dass es sich hier um eine der typischen patriarchalen Okkupationen handelt, denn die Symbolik ist eindeutig mütterlich und nicht väterlich. Das A, das V, das M, das W sind Buchstaben, die der Symbolik der paläolithischen Höhlen, und der neolithischen Megalith- und Keramikkultur entnommen sind, und sie sind immer im weiblichen Kontext zu sehen, ganz genau im mütterlichen Wiedergeburtskontext, der gespreizten Beine.

Alpha-Vulvasymbolik an einem der zahlreichen neolithischen Dolmengräber, den sogenannten **Mámoas** in Galicien, Museum Domus-La Casa del Hombre, A Coruña, Galicien, Spanien. A Coruña hieß früher Brigantium und war noch zu Zeiten der Kelten der Göttin Brigit gewidmet.

Makilam schreibt über diese typische mütterliche Symbolik, die sich bis heute in der Keramik- und Lebensraum-Gestaltung der berberischen Kabylinnen erhalten hat:

„Es herrscht keinerlei Unsicherheit bei der Interpretation der Dreiecke, Rauten und M´s … In Wirklichkeit bedeuten all diese Zeichen, dass das Leben aus den verborgenen Tiefen des weiblichen Körpers hervorgeht". (Makilam; 2007; S. 42; Armbruster, Kirsten; 2010, S. 114).

Beim Alpha handelt es sich also um einen typischen Vulva-Buchstaben und beim Omega (Ω) um ein Bauchhöhlenzeichen, das ebenfalls nicht im männlichen Zusammenhang steht, sondern im Zusammenhang der Tod-in-Lebenswandelsymbolik von Gott der MUTTER. Im selben Kontext ist auch das TAU insgesamt zu sehen.

Das TAU ist der Anfangsbuchstabe der Thora, dem Mosaischen Gesetz der Juden und das **TAU-Kreuz**, wie das T genannt wird, gilt auch heute noch in der jüdischen und in der christlichen Symbolik als Erkennungszeichen Gottes. Im Buch des Propheten Ezechiel (Hesekiel) heißt es, dass Gott seinen Engel sandte, um auf die Stirn aller Getreuen Gottes dieses Zeichen einzuprägen. Nur sie sollten gerettet werden, alle anderen aber würden vernichtet werden. (www.eremitin.wordpress.com/der-hl-franz-v-assisi/das-taukreuz/). Im Christentum wird das TAU-Symbol auch Ägyptisches Kreuz (abgeleitet vom ägyptischen Anch), Antoniuskreuz, aber wie Barbara Walker schreibt, auch **Galgenkreuz** genannt. Dass das Wort **Galgen** im mütterlichen Kultkontext steht, haben wir ja schon ausführlich beschrieben.

Das TAU- Kreuz wird auch Ägyptisches Kreuz, Galgenkreuz oder Antoniuskreuz genannt. Es steht für Gott. Sein Ursprung liegt allerdings in den Höhlen des Paläolithikums, als Gott der Vater und Herr noch völlig unbekannt war. Ursprünglich steht es für Gott die MUTTER und ist ein Wiedergeburtssymbol dieser Religion. Gleichzeitig ist es zusammen mit dem Alpha und dem Omega eines der ältesten Buchstabensymbole. (Wikimedia Commons, User: Crni Bombarder)

Tatsächlich haben wir es also bei allen drei Buchstaben in dem Wort TAU mit **mütterlichen Wiedergeburts-Buchstaben** zu tun, denn auch das U gehört in diese Reihe. Es ist das typische Yoni-Vulvasymbol und gilt bis heute in Form des Hufeisens als Glückssymbol. Barbara Walker schreibt dazu:

„Mit dem Hufeisensymbol verband sich die Vorstellung, dass jeder Mensch am Ende seines Lebens (Omega) die yonische Tür durchschreitet und durch dieselbe Tür als ein Kind (Alpha) wiedergeboren wird. Das Hufeisen findet sich überall in der Welt als Symbol. Es ist „eben das Zeichen, das an so viele Türen in aller Welt als Glücksemblem genagelt ist". (Walker, Barbara, 1995; Stichwort Hufeisen).

Die Buchstaben U und O werden in Sprachen gerne ausgetauscht, wie wir an der baskischen Wassersilbe Ur, wie zum Beispiel in Ursprung und der Umwandlung in Or in

Origin nachvollziehen können. In dem unten offenen griechischen Buchstaben Omega erkennen wir die leichte Austauschbarkeit von U und O, haben doch beide dieselbe mütterliche Symbolwurzel. Und so können wir schließen, dass das **TAU** und das chinesische **TAO** dasselbe bedeuten und tatsächlich. Beschäftigen wir uns mit den Texten von Laotse, so bedeutet TAO die Mutter. Im Tao Te King können wir nämlich nachlesen:

„Es gab etwas Formloses und Vollkommenes,
bevor das Universum entstand.
Gelassen ist es und leer.
einzig und unverständlich.
Grenzenlos und ewig verfügbar.
Es ist die **Mutter des Universums**.
In Ermangelung eines besseren Namens
nenne ich es das **TAO**".
(Laotse, Tao Te King, Vers 25, 2003; Armbruster, Kirsten 2010, S. 74).

Das lebenskreisrunde Tao-Symbol als Symbol für Gott die MUTTER, von der das Weibliche und das Männliche wiedergeboren werden

Das Wissen um das T als Wiedergeburtssymbol für Gott die MUTTER ist tatsächlich ein weit verbreitetes Wissen, taucht es doch auch in der Türkei im frühen Neolithikum auf. Sehr deutlich erkennen wir dies bei einer T-Stele aus Kilisik, dort gibt es nämlich eine wiedergebärende Gott die MUTTER Säule in T-Form.

Wiedergebärende Gott die MUTTER-T-Säule aus der Nähe von Kilisik, 8000 v.u.Z. Türkei

Dasselbe Verständnis liegt den T-Pfeilern der ältesten, frühneolithischen Tempel-Totenablegestätte, die Menschen als Sakralheiligtum geschaffen haben, in Göbekli Tepe, ebenfalls in der Türkei zugrunde.

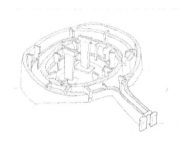

Das lebenskreisrunde Wiedergeburts-Heiligtum von Gott der MUTTER mit Gebärkanal in Göbekli Tepe, Türkei; Datierung: 10 000 bis 9000 v.u.Z.

Eine der Wiedergeburtssäulen aus Göbekli Tepe ganz oben mit Omega-und darunter liegender Alpha-Symbolik, Geier und Schlange als Tod-in-Leben-Wandel-Symboltieren und Fuchs und Skorpion als Mutterfarben-Tiere. Rechts unten handelt es sich nicht, wie von den Ausgräbern des Deutschen Archäologischen Instituts unter der Leitung von Klaus Schmidt bisher angenommen, um eine Figur mit Penis, sondern um die Darstellung der Gebärhaltung. Die abgebildete Figur ohne Kopf steht in der seit dem Paläolithikum bekannten Tradition der, wie Bosinski sie genannt hat „kopflosen Frauen als Ikonen Europas". Der Fuchs, als Aasfresser, erscheint in den typischen Farben der Kosmischen Mutter, denn sein Fell ist rot, schwarz und weiß. Der Skorpion tritt ebenfalls in diesen Mutterfarben auf. Der Skorpion ist lebendgebärend und man kann rote Skorpionmütter sehen, die ihre weißen Babys auf dem Rücken tragen. Bekannt ist auch der Schwarze Skorpion. Datierung 10 000 bis 9000 v.u.Z.

Lebendgebärende rote Skorpionmutter, die ihre weißen Babys für-
sorglich auf dem Rücken trägt, Wikimedia Commons, User: Fusion
121

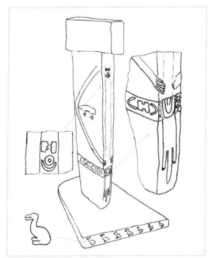

T-Zwillingssäule als wiedergebärende Gott die MUTTER mit Lunar-
und Wassersymbolik (Ente) aus Göbekli Tepe, Türkei. Den Zwillings-
aspekt kennen wir auch aus Australien von den parthenogenetisch-
aseitätischen, das Menschengeschlecht gebärenden Urschwestern
Kunapipi. (Meier-Seethaler, Carola, 1993; S. 87; Armbruster, Kirsten;
2010, S. 33).

Die Monumente an den Ausgrabungsstätten in Göbekli Tepe sind, wie Gabriele Uhlmann und auch Carola-Meier-Seethaler bereits erkannt haben, eine Kultstätte, die den **„Bauch der Urmutter"** symbolisieren, was die runden Formen der Anlage aber auch der Name, der mit **„Hügel mit Nabel"** übersetzt wird, überdeutlich zeigen. (Uhlmann, Gabriele; 2011, 2012, S. 101; Meier-Seethaler, Carola; 2011, S. 142). An der höchsten Stelle von **Göbekli Tepe**, steht bis heute ein Mutterbaum: ein **Maulbeerbaum**. Der Maulbeerbaum hat erst weiße Früchte, die sich später rot verfärben und schließlich schwarz werden (siehe Mutterfarben des Hollebaums oder Holunders). Dieser Maulbeerbaum in Göbekli Tepe ist bis heute als Wunschbaum Ziel von **Wallfahrten**. Irene Schönberger schreibt über den **Mutterbaum von Göbekli Tepe**:

*„Die aufgehende Sonne strahlt nur wenige Stofffetzen an, die an den im weiten Umkreis einzigen und auf der höchsten Stelle von Göbekli Tepe stehenden Baum angebunden sind. Der Baum, ein **Maulbeerbaum**, steht auf einem kleinen, von einer hüfthohen eckigen Steinmauer umfassten Platz, auf dem sich ein paar Gräber unterschiedlicher Größe befinden... Der Schatten lässt nun erkennen, dass die Gräber in Richtung **Osten** ausgerichtet sind. An den am Baum angebundenen Stoffstücken kann man ablesen, dass es sich um einen so genannten Wunschbaum handelt....Wunschbäume stehen in der Türkei an Wallfahrtsorten und befinden sich häufig an exponierten Stellen. Meist handelt es sich bei ihnen in den oft kahlen und baumlosen Landschaften Anatoliens um auf **Bergen** wachsende einzelne Bäume... Bei den Wallfahrtsorten in der Türkei liegen oftmals **Gräber**. Die Wallfahrtsorte können auch Orte sein, die eine besondere Naturerscheinung*

aufweisen, wie eben einen freistehenden einzelnen Baum, einen Felsen, eine Höhle, eine Quelle...Mahmut Bey erzählt, dass der Wunschbaum von seinem Onkel vor etwa 40 Jahren an die Stelle eines abgestorbenen Vorgängerbaums gepflanzt wurde...Die Dorfbewohner besuchen das Heiligengrab vorzugsweise wenn sie einen **Kinderwunsch** haben". (Schönberger, Irene in „Vor 12 000 Jahren in Anatolien; Die ältesten Monumente der Menschheit; 2007, S. 260/261).

In **Göbekli Tepe** haben wir es also eindeutig mit einem **Bauchmutter-Nabelberg** in Verbindung mit einem **Mutterbaum** zu tun, an dem sich, aller Islamisierung zum Trotz, der uralte Wiedergeburtsglaube der Kosmischen Mutter bis heute erhalten hat, denn nicht umsonst befinden sich dort auch Gräber, in dem Fall von unbekannten Heiligen. Hier haben wir große Parallelen zu christlichen Wallfahrtsorten, die ebenfalls auf alten Naturheiligtümern von Gott der MUTTER stehen und häufig mit einem Reliquienkult, oft in Form von Knochen, einhergehen, die mit abenteuerlichen Geschichten verbunden werden, wie wir es z.B. beim Reliquienkult des Jacob und dem seitdem patriarchal besetzten Muschelweg nach Santiago de Compostela nachvollziehen können. Hier in Göbekli Tepe ist es ein unbekannter Heiliger, aber tatsächlich ist dieser Ort mit den ältesten Monumenten der Welt ein uralter Verehrungsort von Gott der MUTTER als Tod-in-Lebenwandlerin. Und er zeigt die lange und kontinuierliche Verehrung von Gott der MUTTER, die im Paläolithikum wurzelt, das Neolithikum überdauert und selbst bis heute in patriarchal überlagerter Form überall vorhanden ist.

Die Brunnenzeichnung in der Grotte de Lascaux und Parallelen zur ägyptischen Mythologie

Schauen wir uns mit diesem Wissen noch einmal die bekannteste Höhlenzeichnung in der **Grotte de Lascaux** an. Vermutet wird, dass dort ein Urzeit-Mythos dargestellt wird, da diese „Geschichte" auch in der Höhle Roc-de-Sers in der Charente und in der Höhle von Villars in der Dordogne dargestellt ist.

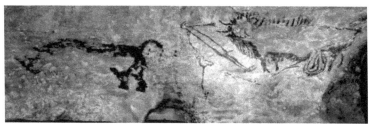

Nashorn-Büffel-Vogelkopfmann-Vogel-Bild in der Höhle von Lascaux im Höhlenbereich Puits (Brunnen), Datierung: Gravettien zwischen 31 000 und 25 000 v.u.Z., Perigord, Le Thot, Thonac; Frankreich

Detailansicht von der Abbildung oben

Wir sehen hier einen durch einen Speer getöteten Bison, dem die Eingeweide heraushängen und einen offensichtlich toten Mann, dessen Todesaspekt durch den Vogelkopf angezeigt wird. Totenvögel wie zum Beispiel Geier, Rabenvögel und Kormorane gelten oft als Seelenvögel und spielen in der Wiedergeburtsreligion von Gott der MUTTER, wie wir gesehen haben, eine wichtige Rolle. Im Forschungszentrum für prähistorische Kunst, im von Montignac sechs Kilometer entfernten Ort **Le Thot**, finden wir die komplette Ur-Mythos-Szene dargestellt, denn dieser Mythos befindet sich im hinteren, Puits, also Brunnen genannten Teil der Höhle, die in Lascaux II nicht zu besichtigen ist. Zur Brunnenszene gehören ein weiterer Vogel, der auf einer Stange zu sitzen scheint und ein rückwärts gewandtes Nashorn (Rhinozeros), das über Punkte mit der Büffel-Vogelkopfmann-Vogel-Szene vermutlich verbunden ist. Interessant ist in diesem Zusammenhang, dass die Forschungsstätte Le Thot wahrscheinlich wegen des Vogelkopfs des Mannes nach dem ägyptischen Gott Thot benannt wurde, wobei der Vogelkopf im mütterlichen Kontext, wie wir in Ägypten in **Mamarija** gesehen haben, mindestens 1000 Jahre älter ist als der Gott Thot.

Der ägyptische Gott **Thot** erscheint in Ägypten erstmals während des Alten Reichs ab circa 2500 v.u.Z. als Gott von Frau Mond und gehört damit zu einer der ersten männlichen Okkupationen der Kosmischen Mutter, denn Frau Mond war ursprünglich niemals mit dem Männlichen verbunden. Schon der Name Thot steht in auffälligem Zusammenhang mit dem Wort Tod und tatsächlich erscheint der Gott Thot auch im Zusammenhang mit den Jenseitsvorstellungen in der ägyptischen Mythologie.

Thot ist der Protokollant des Totengerichts und notiert, ob die Verstorbenen würdig sind, in das Reich der Wiederkehr beziehungsweise in das Totenreich aufgenommen zu werden. (Wikipedia, Stichwort Thot). Das Herz der Toten wird gegen die Feder der **Göttin Maat** aufgewogen, die für die Wahrheit, die Gerechtigkeit und die mütterliche Weltordnung der Kosmischen Mutter steht. Ihr Emblem, die Feder, aber auch die Flügel, mit der sie häufig dargestellt wird, weisen noch auf die seit dem Paläolithikum bekannten **Seelenvögel** der Kosmischen Mutter hin. Der unterirdische Gerichtssaal im ägyptischen Totengericht ist ebenfalls nach ihr benannt und heißt **mâtmât**, was „Saal der beiden Wahrheiten" bedeutet (Wikipedia, Stichwort Maat), wobei es sich bei einem unterirdischen Saal ja nur um eine Höhle in der Erde, folglich also um die Bauchmutterhöhle der Kosmischen Mutter handeln kann.

Der ägyptische Gott Thot mit Ibis-Vogelkopf und dem Lebensschlüssel (Anch), den auch die Göttin Maat in der Hand hält. Wikimedia Commons: Thot. User: Jeff Dahl; Maat GNU Free License

Die Göttin Maat, die für die mütterliche Weltordnung der Kosmischen Mutter steht, wird auch häufig mit Flügeln dargestellt. Hier zusammen mit der Göttin Isis mit der dreiphasigen Hörnerkrone von Frau Mond und dem Lebensschlüssel Anch auf einem Papyrus

Kehren wir zurück zur paläolithischen Szene aus der Höhle von Lascaux, die sich als Abbildung einer **Re-in-Kar-nation**, also ein „Wieder-in-Fleisch-gekleidet-Werden" darstellt. Beide, der Bison und der Mann werden bildsymbolisch in die Bauchmutterhöhle gebracht, damit die Kosmische Mutter sie wieder zum Leben erweckt, was durch den **erigierten Penis** angezeigt wird. Die Wiedererweckung vom Tod durch eine Göttin in Verbindung mit einem Penis kennen wir ebenfalls aus der ägyptischen Mythologie um die Göttin Isis und ihren Bruder-Gemahl Osiris. Einer der wichtigsten Abschnitte dieses Mythos ist die Wiederbelebung des Osiris durch Isis während der sogenannten **Totenhochzeit**. Demnach fährt **Isis** in einem Papyrusboot durch die Sümpfe und findet die einzelnen Stücke von Osiris, bis auf seinen Penis. Daraufhin formt Isis als lebenschöpfende Göttin einen neuen Penis und erweckt Osiris so zu neuem Leben. Die ägyptische Göttin **Isis** gehört ebenso wie die **Nut**, die **Mut**, die **Neith**, die **Nekhbet**, die **Wadjet**, die **Hathor** zur aseitätischen, aus sich selbst Leben herausschöpfenden, ins Paläolithikum zurückreichenden Kosmischen Mutter, wobei die Göttin Isis sich bis in bereits patriarchale Zeiten des Sonnengottes Horus in Verbindung mit dem neu hinzugekommenen Osiris als Urelternpaar erhalten hat. Mit dem Wissen um den überlieferten lebensschöpfenden Kult der Isis, der natürlich den Penis des Mannes einschließt, können wir nun auch die paläolithische Höhlenmalerei aus der Grotte de Lascaux besser verstehen. Neben dem Bison und dem Mann befindet sich auf der Zeichnung ein weiterer Vogel, der, mit seiner typischen Haltung wie auf Stelzen, dem bis heute bekannten **Muttervogel Storch** in den Farben der Kosmischen Mutter Rot, Weiß und Schwarz gleicht und den **mütterlichen Lebenserweckungsprozess**, der hier dargestellt werden soll, noch einmal besonders klar verdeutlicht. Der Storch bringt nicht zufällig bis heute in der tradierten Überlieferung die Kinder. Tatsächlich ist er mit seinen Mutterfarben das Symbol der Kosmischen Mutter, die schon im Paläolithikum bei den Menschen bekannt war. Und das Nashorn? Ob das Nashorn in direktem Zusammenhang mit der Brunnenszene zu verstehen ist, bleibt ungewiss. Die in Eurasien früher weit verbreiteten Nashörner gehören zu den Dicerorhinina, das heißt, sie hatten zwei Hörner, was auf dem dargestellten Bild auch noch zu erkennen ist. Die zwei Hörner könnten die typische Lunarsymbolik von Frau Mond widergeben, die ja von den zwei Büffelhörnern dort ebenfalls aufgenommen wird. Männliche Nashörner sind eher Einzelgänger, aber die weiblichen Tiere leben in der Regel in matrilinearen Sippen. (Wikipedia; Stichwort

Nashorn; Anm. der Verfasserin: dort wird das Wort „matriarchal" verwendet). In der Mythologie wird häufig eine Inkarnation der Göttin in tierischer Gestalt überliefert. Auch dies ist aus Ägypten bekannt. Dort kennen wir zum Beispiel die Katzengöttin Bastet, die Löwengöttin Sachmet oder die Nilpferdgöttin Thoeris. Vielleicht ist hier in der paläolithischen Höhle von Lascaux bereits ein ähnlicher Glaubensansatz erkennbar. Die Kosmische Mutter erscheint in der Gestalt der Rhinozerosmutter mit ihrem Doppelhorn von Frau Mond und gebärt nach einiger Zeit die Toten wieder: den Mann und den Büffel. Da die häufigen Punkte in den paläolithischen Höhlen wahrscheinlich als Kalender zu verstehen sind, könnte mit den sechs Punkten zwischen der Rhinozerosmutter und dem Rest der Szene eine gewisse Zeitspanne ausgedrückt werden zwischen Tod und Wiedergeburt.

Was bedeuten aber nun die verblüffenden Parallelen zwischen dem paläolithischen Urzeitmythos in der Grotte de Lascaux in Frankreich und der viel später dokumentierten ägyptischen Mythologie? In der Tat ist das erstaunlich. Bedeutet es gar, dass dieser Mythos schon so alt ist, dass er von Mulier-Homo sapiens bereits bei seiner Out-of-Africa Migration nach Europa mitgebracht wurde? Das ist spekulativ, aber vielleicht wird auch dieses Rätsel eines Tages gelöst. Deutlich geworden ist aber, dass es eine lange, über verschiedene Menschenarten hinausreichende Kontinuität des religiösen Verständnisses im mütterlichen Kontext gegeben hat. Die Zivilisation der Mütter lässt sich infolgedessen nicht mehr leugnen. Quod erat demonstrandum!

Und wie geht es weiter, denn Fortsetzung folgt...

Die Fortsetzung des Kulturkrimis über den Muschelweg erscheint 2014. Spannend für alle, die mehr wissen wollen über:

Die Petroglyphen, Mámoas und Mouros in Galicien

Die baskische Göttin Mari

Den Ursprung von Paris, dem alten Lutetia und heutigen Startpunkt der Via Turonensis des Muschelwegs

Die Landschafts-Bauchmutter bei Arles in der Camargue, am heutigen Startpunkt der Via Tolosana des Muschelwegs und den damit verbundenen Kult der Sara-la-Kali in Saintes-Maries-de-la-Mer

Die Madonnen in der Vulkanlandschaft von Le Puys-en-Velaye am Startpunkt der Via Podiensis des Muschelwegs

Den Kult der Maria Magdalena in Vézelay, am Startpunkt der Via Lemovicensis des Muschelwegs und in der Höhle Sainte Baume in der Provence

Die schwarze Madonna von Rocamadour, und warum wir auch heute noch von Kirchenschiffen sprechen

Die Bärenmutter von Madrid und andere Bärengeschichten

Die Mutterwurzelsilbe Sar und die Schwarze Madonna von Montserrat

Die Templer und die Sara als die Mutter des Heiligen Lands

La Bonne Mort – die Gute Frau Tod in der Landschaft der Auvergne

und vieles mehr...

Anhang

Anmerkungen

Die im Text verwendete Zeitangabe v.u.Z. bedeutet: vor unserer Zeitrechnung. Die Hervorhebungen im Text wurden von der Verfasserin vorgenommen. Ich danke meinem Mann Franz Armbruster für die Begleitung bei den Forschungsreisen und die Dokumentation der Forschungsergebnisse durch Fotos, einige der Karten und verschiedene Illustrationen. Die bei einigen der Bilder nicht ausreichende Bildqualität ist den schlechten Lichtverhältnissen und den zur Verfügung stehenden Möglichkeiten, mit denen diese Publikation auskommen musste, geschuldet. Da die Bilder aber einen wichtigen Informationsgehalt für den Text haben, wurden sie trotzdem in diesem Buch aufgenommen.

Literaturverzeichnis

Armbruster, Kirsten: Starke Mütter verändern die Welt. Was schiefläuft und wie wir Gutes Leben für alle erreichen, Rüsselsheim 2007

Armbruster, Kirsten: Das Muttertabu oder der Beginn von Religion, Riedenburg, 2010

Armbruster, Kirsten: Gott die MUTTER; Eine Streitschrift wider den patriarchalen Monotheismus, Norderstedt, 2013

Badisches Landesmuseum Karlsruhe (Hg.): Vor 12 000 Jahren in Anatolien; Die ältesten Monumente der Menschheit, Begleitbuch zur Großen Landesausstellung Baden Württemberg 2007

Berg, Wolfhart: Andalusien, Reiseführere Marco Polo, Ostfildern, 1994

Bibel: Revidierte Elberfelder Bibel, Wuppertal 1986

Bosinski, Gerhard: Femmes sans tête; Une icône culturelle dans l'Europe de la fin de l' époque glaciaire, Paris, 2011

Bott, Gerhard: Die Erfindung der Götter; Essays zur Politischen Theologie; Norderstedt 2009

Büscher, Tobias: Galicien & Jacobsweg; DUMONT Reise-Taschenbuch, Ostfildern 2010

Cassagnes-Brouquet: Vierges Noires; Rodez, 2000

Cohen Claudine: La femme des origines; Images de la femme dans la préhistoire occidentale, Paris 2003

Cornelius, Geoffrey und Devereux, Paul: Die Sprache der Sterne; Ein visueller Schlüssel zu den Geheimnissen des Himmels; Düsseldorf, 2004

Derungs, Kurt und Isabelle M.: Magische Stätten der Heilkraft: Marienorte mythologisch neu entdeckt. Quellen, Steine, Bäume, Pflanzen, Grenchen, 2006

Deschner, Karlheinz, Kriminalgeschichte des Christentums; Das 11. und 12. Jahrhundert, 2001

Devereux, Paul: Der heilige Ort; Vom Naturtempel zum Sakralbau: Wie die Menschen das Heilige in der Natur entdeckten; Baden und München 2006

Domingo Hay, Beatriz und Léon Amores Carlos: Rutas Arqueológicas en la Espana Verde, Madrid 2002

Ensler, Eve: Die Vagina-Monologe, Hamburg 2000

Fester, Richard; König, Marie E.P.; Jonas, Doris F.; Jonas A. David: Weib und Macht – Fünf Millionen Jahre Urgeschichte der Frau, Frankfurt am Main, 1980

Finkelstein, Israel und Silbermann, Neil A.: Keine Posaunen vor Jericho; Die archäologische Wahrheit über die Bibel; München, 2002

Gimbutas Marija: Die Zivilisation der Göttin; Frankfurt a. M. 1996

Gimbutas, Marija: Die Sprache der Göttin; Frankfurt am. M. 1998

Gimbutas, Marija: The Language of the Goddess, London 2001

Grolle, Johann: "Runter von den Bäumen" in: Der SPIE-GEL, Nr. 43, 21.10.2013, S. 118-121

Hamel, Elisabeth: Das Werden der Völker in Europa; Forschungen aus Archäologie, Sprachwissenschaft und Genetik, Berlin 2007

Haarmann, Harald: Weltgeschichte der Sprachen; Von der Frühzeit des Menschen bis zur Gegenwart, München 2010

Haarmann, Harald: Die Indoeuropäer; Herkunft, Sprachen, Kulturen, München 2010

James, E.O.: Der Kult der Großen Göttin, Bern 2003

Haussig, Hans Wilhelm (Hrg.): Götter und Mythen im Alten Europa, Stuttgart, 1973

Jaubert, Jacques: Préhistoires de France, Bordeaux 2011

König, Marie E.P. König: Am Anfang der Kultur; Die Zeichensprache des frühen Menschen, Wien 1981

Kretzschmar, Erich, Stichmann-Marny Ursula (Hrsg.); Der neue Kosmos Tier- und Pflanzenführer unter Mitarbeit von Wilfried Stichmann, Stuttgart, 1994

Laotse: Tao Te King; Eine zeitgemäße Version für westliche Leser, München, 2003

Leroy, Hélène und Debaisieux, Francis: Vierges Romanes, Beaumont, 2009

Löffelmann, Monika: Der ERDSTALL; Kult – Religionsgeschichte – Überlieferung; Hefte des Arbeitskreises für Erdstallforschung, Roding, 1997

Löffler Katrin: Hundert Heilige – entdecken & erkennen, Breisgau 2010

Makilam: Zeichensprache. Magische Rituale in der Kunst kabylischer Frauen, Bremen, 2007

Meier-Seethaler, Carola: Von der göttlichen Löwin zum Wahrzeichen männlicher Macht; Ursprung und Wandel großer Symbole, Zürich, 1993

Meier-Seethaler, Carola: Ursprünge und Befreiungen; Eine dissidente Kulturtheorie, Stuttgart, 2011

Meister Martin und Steinhilber, Berthold: Am Anfang waren die Tempel; GEO, Januar 2008, S. 146-176

Nestmeyer, Ralf: Südfrankreich; Reiseführer Michael Müller Verlag; Erlangen 2003

Rabe, Cordula: Spanischer Jacobsweg; Von den Pyrenäen bis Santiago de Compostela, München 2013

Roux-Perino, Julie: Les Chemins de Saint-Jacques de Compostelle, Vic-en-Bigorre, 2007

Sanyal, Mithu, M.: Vulva ; Die Enthüllung des unsichtbaren Geschlechts, Berlin, 2009

Schloemer: Spur der Steine; Zwei große Mythen prägen das spanische Galicien, DIE WELT 14.10.2010; www.welt.de/10296976

Schmid, Marcus S.: Südwestfrankreich; Michael Müller Verlag, Erlangen 2008

Schönberger, Irene in: Vor 12 000 Jahren in Anatolien; Die ältesten Monumente der Menschheit; 2007

Soares, Pedro; Achilli, Alessandro; Semino, Ornella; Davies, William; Macaulay, Vincent; Bandelt, Hans-Jürgen; Torroni, Antonio; Richards, Martin B.: The Archaeogenetics of Europe; Current Biology 20, R 174-R183, February 23, 2010

Spiegel-Schmidt, Johannes: Andalusien; Reiseführer GAIA Verlag, Köln 2000

SPIEGELONLINE: Mystisches Galicien; Mit dem Segen der Hexe; 30.9.2007

SPIEGELONLINE: Früheste Wandkunst in Frankreich; 37 000 Jahre alte Höhlenmalerei entdeckt; 15. Mai 2012

Sykes, Bryan: Die sieben Töchter Evas; Warum wir alle von sieben Frauen abstammen – revolutionäre Erkenntnisse der Gen-Forschung; Bergisch Gladbach, 2003

Thierry Félix und Aubarbier Jean-Luc: Préhistoire en Périgord, Quercy, Charente et Poitou, Rennes, 2011

Uhlmann, Gabriele: Archäologie und Macht; Zur Instrumentalisierung der Ur- und Frühgeschichte, Norderstedt 2011, 2012

Voigt, Anna und Drury Nevyll: Das Vermächtnis der Traumzeit, Leben, Mythen und Traditionen der Aborigines, München 1998

Walker, Barbara: Das Geheime Wissen der Frauen, Ein Lexikon, München 1995

Walker, Barbara: Die geheimen Symbole der Frauen; Lexikon der weiblichen Spiritualität, München 1997

www.eremitin.wordpress.com/der-hl-franz-v-assisi/das-taukreuz

www.utexas.edu/courses/classicalarch/readings/Berekhat_Ram.pdf

www.visual-arts-cork.com

www.derstandard.at; Frauenhände auf der Höhlenwand; 16. Oktober 2013

Ortsregister

186

Zur Autorin

Dr. Kirsten Armbruster ist Naturwissenschaftlerin und gehört zu den führenden Köpfen der Patriarchatskritikforschung. Sie wurde 1956 in Dortmund geboren, wuchs in Kairo auf, machte ihr Abitur in Fürstenfeldbruck, studierte Agrarwissenschaften an der Universität Göttingen, promovierte in Physiologischer Chemie an der Tierärztlichen Hochschule Hannover und lebt heute mit ihrer Familie in Riedenburg im Altmühltal.

Weitere Veröffentlichungen der Autorin:
Starke Mütter verändern die Welt; Christel-Göttert-Verlag, 2007, Rüsselsheim;
Das Muttertabu oder der Beginn von Religion; edition courage, 2010, Riedenburg
Gott die MUTTER – Eine Streitschrift wider den patriarchalen Monotheismus, 2013, Norderstedt
Verschiedene Essays

Weitere Informationen zur Autorin:

www.kirsten-armbruster.de
www.edition-courage.de
www.courageconsult.de
Facebook